Diplomica Verlag

Daniel Kempin

Leben ohne Barrieren

Welcher Handlungsbedarf besteht für
die kommunale Politik und Verwaltung?

Kempin, Daniel:
Leben ohne Barrieren: Welcher Handlungsbedarf besteht für
die kommunale Politik und Verwaltung?

Umschlaggestaltung: Diplomica Verlag GmbH, Hamburg

ISBN: 978-3-8428-8574-5

© Diplomica Verlag GmbH, Hamburg 2012

Bibliografische Information der Deutschen Nationalbibliothek:
Die Deutsche Nationalbibliothek verzeichnet diese Publikation
in der Deutschen Nationalbibliografie;
detaillierte bibliografische Daten sind im Internet über
http://dnb.d-nb.de abrufbar.

Die digitale Ausgabe (eBook-Ausgabe) dieses Titels trägt die
ISBN 978-3-8428-3574-0 und kann über den Handel oder
den Verlag bezogen werden.

Dieses Werk ist urheberrechtlich geschützt. Die dadurch begründeten Rechte,
insbesondere die der Übersetzung, des Nachdrucks, des Vortrags, der Entnahme von
Abbildungen und Tabellen, der Funksendung, der Mikroverfilmung oder der
Vervielfältigung auf anderen Wegen und der Speicherung in Datenverarbeitungsanlagen,
bleiben, auch bei nur auszugsweiser Verwertung, vorbehalten. Eine Vervielfältigung
dieses Werkes oder von Teilen dieses Werkes ist auch im Einzelfall nur in den Grenzen
der gesetzlichen Bestimmungen des Urheberrechtsgesetzes der Bundesrepublik
Deutschland in der jeweils geltenden Fassung zulässig. Sie ist grundsätzlich
vergütungspflichtig. Zuwiderhandlungen unterliegen den Strafbestimmungen des
Urheberrechtes. Die Wiedergabe von Gebrauchsnamen, Handelsnamen,
Warenbezeichnungen usw. in diesem Werk berechtigt auch ohne besondere
Kennzeichnung nicht zu der Annahme, dass solche Namen im Sinne der Warenzeichen-
und Markenschutz-Gesetzgebung als frei zu betrachten wären und daher von jedermann
benutzt werden dürften. Die Informationen in diesem Werk wurden mit Sorgfalt
erarbeitet. Dennoch können Fehler nicht vollständig ausgeschlossen werden und die
Diplomica GmbH, die Autoren oder Übersetzer übernehmen keine juristische
Verantwortung oder irgendeine Haftung für evtl. verbliebene fehlerhafte Angaben und
deren Folgen.

Inhaltsverzeichnis

I Abbildungsverzeichnis 7

II Abkürzungsverzeichnis 8

1. Einleitung 9

1.1 Fragestellung 11

1.2 Der Begriff „Behinderung" 11

2. Methodik 13

2.1 Die qualitative Sozialforschung 13

   2.1.1 Das fokussierte teilstandardisierte Interview 14

   2.1.2 Die qualitative Inhaltsanalyse 15

   2.1.3 Die Dokumentenanalyse 17

2.2 Vor- und Nachteile der angewandten Methodik 18

3. Die Entstehung der UN-Behindertenrechtskonvention 19

3.1 The Standard Rules on the Equalization of Opportunities for Persons with Disabilities 19

   3.1.1 Human Rights and Disability Study 22

   3.1.2 Die sieben Sitzungen 23

3.2 Die Konzeption der UN-Behindertenrechtskonvention 25

   3.2.1 Die deutschsprachige Fassung 29

4. Integration oder Inklusion? 31

4.1 Die Entstehung des Begriffes „Inklusion" 31

   4.1.1 Von der Integration zur Inklusion 33

4.2 Schlussfolgerungen 35

5. Grundlagen des barrierefreien Bauens in Deutschland 37

5.1 Rechtliche Regelungen auf Bundesebene 37

5.2 Rechtliche Regelungen auf Landesebene 39

5.3 Aufgaben und Möglichkeiten auf kommunaler Ebene 40

6. Auswirkungen des Art. 9 der UN-Behindertenrechtskonvention ... 43

6.1 Barrierefreiheit und Design for all 43

6.2 Der Artikel 9 „Accessibility" 47

6.3 Handlungsmöglichkeiten zur barrierefreien Gestaltung öffentlich zugänglicher Anlagen am Beispiel von Berlin...............48

6.3.1 Handlungsfelder einer Kommune – Disability Mainstreaming......53

6.3.2 Die Bestandsaufnahme - Ein erster Schritt...............55

6.3.3 Die Notwendigkeit eines Zugänglichkeitsplans...............59

6.4 Kommunales Engagement am Beispiel von Berlin...............62

7. Die Bedeutung der UN-Behindertenrechtskonvention...............64

7.1 Die generelle Bedeutung für Deutschland...............64

7.2 Die Konsequenz für die kommunale Politik im Hinblick auf die barrierefreie Gestaltung öffentlich zugänglicher Anlagen...............65

8. Schlussfolgerungen und Ausblick...............68

Literaturverzeichnis...............70

I Abbildungsverzeichnis

Abb. 1: Geographische Darstellung der Unterzeichner- und Nichtunterzeichnerstaaten 25

Abb. 2: Phasen von der Exklusion zur Inklusion 31

Abb. 3: Dokumentation einer Bestandsaufnahme 58

Abb. 4: Signet Berlin-barrierefrei 62

I Tabellenverzeichnis

Tab. 1: Interviewüberblick 15

Tab. 2: Kategorie: Barrierefreiheit öffentlich zugänglicher Anlagen 16

Tab. 3: Kategorie: Einflüsse der UN-Behindertenrechtskonvention 17

II Abkürzungsverzeichnis

Abb.	Abbildung
BauO Bln	Bauordnung für Berlin
BGG	Gesetz zur Gleichstellung behinderter Menschen
bspw.	beispielsweise
bzw.	beziehungsweise
ca.	zirka
etc.	et cetera
EU	Europäische Union
ggf.	gegebenefalls
LGBG	Landesgleichberechtigungsgesetz
s.a.	siehe auch
SGB IX	Sozialgesetzbuch IX
sog.	so genannte
Tab.	Tabelle
u. a.	unter anderem
usw.	und so weiter
Vgl.	Vergleich
z. B.	zum Beispiel

1. Einleitung

„Mobilität und Begegnung der Menschen im öffentlichen Raum ist ein Anliegen, dem im Sinne des Wortes nichts im „Wege stehen" sollte. Die Stadt soll in ihrer ganzen Vielfalt ohne Hindernisse zugänglich sein. Menschen sollen sich nach ihren persönlichen Möglichkeiten uneingeschränkt bewegen und begegnen können."[1]

Mit diesen Worten beschreibt Senatorin Ingeborg Junge-Reyer die in Deutschland immer stärker werdende Forderung nach einer physisch barrierefreien Umwelt. Das Leben der Menschen, so auch das Leben von Menschen mit Behinderungen, findet in den Städten und Gemeinden statt. Veranstaltungen in öffentlichen Gebäuden und Kultureinrichtungen bilden Möglichkeiten zur aktiven Teilhabe am gesellschaftlichen Leben und dienen als Begegnungsstätten in den Kommunen. Doch nicht jeder Mensch kann ungehindert am gesellschaftlichen Leben teilnehmen. Oftmals bilden physische Barrieren ein Hindernis, das Menschen mit Behinderungen eine Teilhabe verwehrt. Ein Rollstuhlnutzer bspw. kann allein keine Kultureinrichtung besuchen, solange diese keine Rampe am Haupteingang und Aufzüge im Inneren aufweist. Menschen mit Sehbeeinträchtigungen können zwar ein Gebäude passieren, finden sich jedoch ohne ausreichend helle Lichtverhältnisse und entsprechende Farbmarkierungen innerhalb des Gebäudes nicht zurecht. Personen gänzlich ohne Sehkraft benötigen Leitsysteme bspw. durch verschiedene Bodenbelege und Beschilderungen in Brailleschrift, um sich ohne fremde Hilfe zu orientieren. Damit allen Menschen eine gleichberechtigte Teilhabe am öffentlichen Leben gewährleistet werden kann, sind verschiedene bauliche Anforderungen an öffentliche Anlagen gestellt. In den letzten Jahren wurden bedeutende Fortschritte auf allen politischen Ebenen erzielt, um die gleichberechtigte Teilhabe aller zu gewährleisten. Durch gesellschaftliche Transformationsprozesse und dem demographischen Wandel wächst jedoch die Zahl der Menschen, die auf eine barrierefreie Umwelt angewiesen sind, und damit einhergehend wachsen und

---

[1] Senatsverwaltung für Stadtentwicklung Berlin (2009), S. 1, Vorwort von Senatorin Ingeborg Junge-Reyer.

verändern sich die Anforderungen an barrierefreies Planen und Bauen öffentlich zugänglicher Anlagen. Die von Deutschland ratifizierte und somit rechtlich verbindliche UN-Konvention über die Rechte von Menschen mit Behinderungen nimmt die neuen Anforderungen auf und macht diese zu einem zentralen Anliegen politischen Handelns. Die UN-Konvention ist dabei nicht als Spezialregelwerk für Menschen mit Behinderungen zu sehen, sondern als Regelwerk zur Stärkung der Menschenrechte, welche dies um die Sichtweise von Menschen mit Behinderungen erweitert. Sie beschreibt ein politisches Verständnis, das die Vielfalt einer Gesellschaft als Normalität betrachtet und hebt damit das neue Leitbild einer inklusiven Gesellschaft hervor. Jeder Mensch soll selbstbestimmt und gleichberechtigt am gesellschaftlichen Leben teilhaben. Die Herstellung von Barrierefreiheit bildet dafür die Basis und zugleich erklärtes Ziel. Die UN-Konvention ist seit 2009 für Deutschland rechtlich verbindlich und damit ein sehr junges Regelwerk. Das vorliegende Buch bietet einen historischen Überblick über die Entwicklung der UN-Konvention und skizziert ihre inhaltliche Konzeption. Es werden gesellschaftliche Transformationsprozesse in Bezug auf die Behindertenpolitik aufgezeigt und das neue Leitbild der Inklusion genauer betrachtet. Weiterführend fokussiert diese Untersuchung die bisher erkennbaren Auswirkungen der UN-Konvention auf die kommunale Politik in Bezug auf die barrierefreie Gestaltung öffentlich zugänglicher Anlagen. Sie zeigt erste Einflüsse und macht mit den in Deutschland bestehenden Regelungen zum barrierefreien Bauen vertraut. Darüber hinaus werden mit Hilfe ausgewählter Beispiele Lösungsansätze auf kommunaler Ebene wiedergegeben, um Handlungsmöglichkeiten einer Kommune zur barrierefreien Gestaltung öffentlich zugänglicher Anlagen aufzuzeigen.

1.1 Fragestellung

Um die gleichberechtigte Teilhabe aller Menschen am gesellschaftlichem Leben zu gewährleisten und öffentlich zugängliche Anlagen im Sinne der UN-Konvention barrierefrei zu gestalten, ist es notwendig, auf kommunaler Ebene Handlungsmöglichkeiten zu erkennen und Maßnahmen zu entwickeln. Vor diesem Hintergrund liegt der Fokus dieses Buches darin, erste Einflüsse und Maßnahmen auf kommunaler Ebene aufzuzeigen, die als Folge der UN-Konvention gewertet werden können. Beachtung finden hier ausschließlich Einflüsse und Maßnahmen auf die barrierefreie Gestaltung öffentlich zugänglicher Anlagen. Im Rahmen dieser Studie sollen Veränderungen kommunalpolitischen Handelns anhand folgender Fragen dargelegt werden, die als Leitfaden für die Analyse, Bewertung und abschließende Schlussfolgerungen dienen:

1. *Stellen die Anforderungen über die barrierefreie Gestaltung öffentlich zugänglicher Anlagen aus Artikel 9 der UN-Konvention neuen Handlungsbedarf für die kommunale Politik dar?*
2. *Welche Konsequenz ergibt sich daraus für die kommunale Politik und Verwaltung?*

1.2 Der Begriff „Behinderung"

„Behinderung" wird in Deutschland nach § 3 BGG, dem Gesetz zur Gleichstellung behinderter Menschen definiert. Hiernach gelten Menschen als behindert,

„(...) wenn ihre körperliche Funktion, geistige Fähigkeit oder seelische Gesundheit mit hoher Wahrscheinlichkeit länger als sechs Monate von dem für das Lebensalter typischen Zustand abweichen und daher ihre Teilhabe am Leben in der Gesellschaft beeinträchtigt ist". [1]

Diese Untersuchung berücksichtigt die in § 3 BGG enthaltene Definition, orientiert sich jedoch an der in der UN-Konvention über die Rechte von Menschen mit Behinderungen enthaltenen, etwas weiter gefassten

---
[1] BGG, § 3.

Definition von „Behinderung". Demnach zählen zu den Menschen mit Behinderungen alle Menschen,

„(…) die langfristige körperliche, seelische, geistige oder Sinnesbeeinträchtigungen haben, welche sie in Wechselwirkung mit verschiedenen Barrieren an der vollen, wirksamen und gleichberechtigten Teilhabe an der Gesellschaft hindern können." [2]

Nach dieser Definition entsteht „Behinderung"

„(…) aus der Wechselwirkung zwischen Menschen mit Beeinträchtigungen und einstellungs- und umweltbedingten Barrieren (…)." [3]

---

[2] UN-Konvention über die Rechte von Menschen mit Behinderungen, Präambel.
[3] UN-Konvention über die Rechte von Menschen mit Behinderungen, Präambel.

2. Methodik

2.1 Die qualitative Sozialforschung

Derzeit gibt es nur wenig Sekundärliteratur zu den Auswirkungen der UN-Konvention über die Rechte von Menschen mit Behinderungen. Dies liegt zum einen in der Aktualität des entsprechenden Gesetzesbeschlusses, welcher in Deutschland erst 2009 in Kraft trat, und zum anderem in der daraus resultierenden erst beginnenden Umsetzung begründet. Im Rahmen dieser Untersuchung war es daher notwendig, eine Kombination aus Primär- und Sekundärliteratur anzustreben, um einen möglichst hohen Gehalt an Informationen zu generieren. Im Zuge der Verwendung von Primärliteratur berücksichtigt diese Studie vor allem die Grundsätze der qualitativen Sozialforschung:

„Qualitative Forschung hat den Anspruch, Lebenswelten `von innen` heraus, aus der Sicht der handelnden Menschen zu beschreiben. Damit will sie zu einem besseren Verständnis sozialer Wirklichkeit(en) beitragen und auf Abläufe, Deutungsmuster und Strukturmerkmale aufmerksam machen." [4]

Qualitative Forschungsmethoden basieren auf der

„(...) Messung von Qualitäten, d.h. nonmetrischen Eigenschaften von Personen, Produkten und Diensten." [5]

Während Methoden der quantitativen Forschung durch eine enorme Standardisierung der Datenerhebung mit dem Ziel, vergleichend-statistische Auswertungen zu treffen, gekennzeichnet sind, zeichnen sich die Methoden der qualitativen Forschung u.a. durch Flexibilität, Einzelfallbezogenheit und Offenheit aus. Der Fokus qualitativer Forschungsmethoden liegt auf dem Subjekt als Gestalter seiner subjektiven Realität und verfolgt das Ziel, dessen subjektive Wirklichkeit zu verstehen, nachzuvollziehen zu interpretieren.[6]

---

[4] Flick/ Von Kardorff/ Steinke (2003), S. 14.
[5] Lamnek (2005), S. 3.
[6] Vgl. Flick/ Von Kardorff/ Steinke (Hg.) (2003), S. 23

2.1.1 Das fokussierte teilstandardisierte Interview

Die qualitative Sozialforschung weist der Kommunikation zwischen Forscher und Beforschtem eine enorme Bedeutung für den Verstehensprozess zu.[7] Die Methode des Interviews trägt dem Rechnung und eignet sich daher besonders zur Ergänzung entsprechender Sekundärliteratur. Die qualitative Sozialforschung stellt eine Vielzahl von Methoden zur Datenerhebung zur Verfügung und ist dadurch geprägt, dass es

„(...) nicht die Methode gibt, sondern ein methodisches Spektrum unterschiedlicher Ansätze, die je nach Fragestellung und Forschungstradition ausgewählt werden können."[8]

Für die Datenerhebung fand im Rahmen dieser Studie das fokussierte teilstandardisierte Interview Anwendung. Die vorliegende Untersuchung berücksichtigt ausschließlich die Auswirkungen des Artikelss 9 der UN-Konvention über die Rechte von Menschen mit Behinderungen auf die kommunale Politik in Bezug auf die Gestaltung öffentlich zugänglicher Anlagen. Eine thematische Fokussierung der Interviews war daher notwendig. Die Bezeichnung „teilstandardisiert" bedeutet in diesem Kontext, dass die Gesprächsführung flexibel ist. Die Orientierung erfolgt an einem Interviewleitfaden, der sowohl in der Formulierung als auch in der Abfolge der Fragen einen hohen Spielraum lässt und ein offenes Gespräch ermöglicht.[9] Der Interviewer hat die Aufgabe, das Gespräch durch Fragen in Fluss zu halten und sichert durch seine Flexibilität, dass in der Befragung sowohl die Vorstellungen des Interviewers, welche ein bestimmtes Ziel verfolgen, als auch das Interesse am Erfahrungsbereich des Interviewten vorhanden sind.[10] Nachstehend erfolgt eine Darstellung zu den im Rahmen dieser Arbeit durchgeführten Interviews, welche mittels eines Laptops aufgezeichnet wurden. Der Kontaktaufbau zu den Interviewpartnern geschah während eines sechsmonatigen Praktikums in der Senatsverwaltung für Stadtentwicklung Berlin.

---

[7] Vgl. Roll (2003), S. 111
[8] ders., S. 22
[9] Vgl. Flick/ Von Kardorff/ Keupp/ Von Rosenstiel/ Wolff (1995), S. 177
[10] Vgl.Atteslander (2008), S. 124

Tab. 1: Interviewüberblick

Name des Interviewten	Institution und Funktion des Interviewten	Datum	Dauer
Ingeborg Stude	Senatsverwaltung für Stadtentwicklung Berlin, Sachbearbeiterin der Koodinierungsstelle Barrierfreies Bauen und Autorin des Handbuches „Barrierefreies Planen und Bauen in Berlin	15.10. 2010	48 Min. und 31 Sek.
Volkhard Schwarz	Senatsverwaltung für Integration, Arbeit und Soziales, Abteilung 1, Referat B,Länderreferent und Leiter der Arbeitsgruppe „Allgemeine Behindertenpolitik"	22.10. 2010	1 St. 4 Min. und 14 Sek.
Dr. Jürgen Schneider	Landesbeauftragter für Menschen mit Behinderung Berlin	27.10. 2010	1 St. 3 Min. und 18 Sek.

(Quelle: Eigene Darstellung)

2.1.2 Die qualitative Inhaltsanalyse

Die qualitative Inhaltsanalyse verfolgt das Ziel, schriftlich vorliegende Kommunikationsinhalte wissenschaftlich darzustellen. Seit Mitte des 20. Jahrhunderts wurde die Inhaltsanalyse zunehmend zur Auswertung von Interviews herangezogen, um Ansichten und Einstellungen der Interviewten zu analysieren. Mit der wissenschaftlichen Methode der Inhaltsanalyse sollen somit Texte und Publikationen methodisch kontrolliert untersucht werden, um auf diese Weise Erkenntnisse zu gewinnen.[11] Philipp Mayring prägte maßgeblich den Entwicklungsprozess der qualitativen Inhaltsanalyse und unterscheidet drei Grundformen dieser: Explikation, Strukturierung und Zusammenfassung. Allen Formen sind die Datenerhebung und ihre Aufbereitung vorangestellt. Die Datenerhebung für die Zwecke dieser Studie erfolgte durch das im Abschnitt 2.1.1 erläuterte Instrument des fokussierten teilstandardisierten Interviews. Die Aufbereitung der Daten erfolgte anschließend durch eine

---

[11] Vgl. Mayring/ Gläser-Zikuda (Hrsg.) (2008), S. 20.

wortgetreue Transkription[12], die auch nonverbale Elemente berücksichtigt.[13] Der Interpretationsfokus und die Richtung der Analyse orientieren sich an dem Titel dieses Buches. Die Inhaltsanalyse erfolgte unter den Merkmalen der Strukturierung mit dem Ziel, eine bestimmte Struktur aus dem Material herauszuarbeiten. Zentral für diese Analysetechnik ist die Konstruktion eines Kategoriesystems. Jede Kategorie wurde in Orientierung an den Titel dieses Buches und in Anlehnung an die Fragestellungen aus dem Abschnitt 1.1 erstellt und definiert. Auf die Bildung einer zusätzlichen Hypothese wurde aus diesem Grund verzichtet. Jeder Kategorie wurden weiterführend spezielle Codes, welche mit einen Indikator versehen wurden, untergeordnet.[14] Somit sollte eine genaue Analyse des Textes mit Hilfe der Indikatoren bzw. Tatbestandsmerkmalen ermöglicht und eine genaue Zuordnung zu deren Codes gewährleistet werden. Auf die Konzeption von Kodierregeln wurde aufgrund der wenigen Kategorien verzichtet. Das Material wurde anschließend unter Bezugnahme dieses Kategoriesystems untersucht, die relevanten Textstellen den jeweiligen Kategorien zugeordnet und die generierten Ergebnisse bei der Argumentation dieser Studie berücksichtigt. Nachfolgend sind die Tabellen platziert, welche das Ergebnis des Kategorisierungs- und Codierungsprozesses darstellen:[15]

Tab. 2: Kategorie: Barrierefreiheit öffentlich zugänglicher Anlagen

Barrierefreiheit öffentlich zugänglicher Anlagen	Jede Einrichtung die zugänglich und zweckentsprechend nutzbar ist
Code	**Indikator**
Instrumente	Jede politische, rechtliche und sonstige Maßnahme auf kommunaler Ebene zur Herstellung der Barrierefreiheit öffentlich zugänglicher Anlagen
Anforderungen	Jedes bauliche Element das vorhanden sein muss, damit die Anlage für jeden Menschen zugänglich und nutzbar ist

---

[12] Siehe dazu im Anhang Interviewtranskripte von Ingeborg Stude, Volkhard Schwarz und Jürgen Schneider.
[13] Siehe dazu Anhang Transkriptionssymbole.
[14] Vgl. Gugenheimer (2005), S. 5-10.
[15] Vgl. Verlage (2009) S. 4-7.

Tab. 3: Kategorie: Einflüsse der UN-Behindertenrechtskonvention

Einflüsse der UN-Behindertenrechtskonvention	Alle politischen, rechtlichen und gesellschaftlichen Veränderungen auf kommunaler Ebene als Folge der Ratifizierung der UN-Behindertenrechtskonvention
Code	**Indikator**
Auswirkungen	Jede politische, rechtliche und sonstige Maßnahme zur Herstellung der Barrierefreiheit öffentlich zugänglicher Anlagen auf kommunaler Ebene
Handlungsbedarf	Jede Art und von Maßnahmen zur Umsetzung der UN-Konvention in Bezug auf die barrierefreie Gestaltung öffentlich zugänglicher Gebäude
Konsequenzen	Jedes zukünftige Ereignis, das als Folge der UN-Behindertenrechtskonvention gewertet werden kann

(Quelle: Eigene Darstellungen in Anlehnung an Wittke / Solf (2006))[16]

2.1.3 Die Dokumentenanalyse

In der qualitativen Sozialforschung umfasst die Dokumentenanalyse nicht nur Texte, Urkunden oder andere bedeutungsvolle Schriften. Auch die Auswertung von Gesetzen, Protokollen, Arbeitspapieren und anderen medialen Veröffentlichungen fallen in den Anwendungsbereich dieser Methode. Die Dokumentenanalyse eröffnet durch Anwendungsvielfalt einen breiten Materialzugang bereits existierender Daten und eignet sich besonders zur Analyse vorliegenden Materials, wenn kein direkter Zugang durch Methoden wie die Beobachtung oder das Interview möglich ist.[17] Dieses Buch befasst sich zentral mit der UN-Konvention über die Rechte von Menschen mit Behinderungen. Die Anwendung dieser Methode war daher für den verlaufenden Arbeitsprozess notwendig.

---

[16] Originaldarstellung zu finden unter: Wittke, Verena / Solf, Christiane (2006): Partizipation von Eltern in den Hilfen zur Erziehung am Beispiel der Tagesgruppe (§32 KJHG), Dissertation, S.185.
[17] Vgl. Mayring (2002), S.47-49.

2.2 Vor- und Nachteile der angewandten Methodik

Im Zuge der Durchführung der fokussierten teilstandardisierten Interviews zeigten sich sowohl positive als auch negative Aspekte dieser Methode. Positiv zu benennen ist, dass der offene Charakter dieser Methode einen sehr hohen Informationsgehalt generieren kann und dabei eine angenehme Atmosphäre für beide Seiten herstellt. Als problematisch erwies sich jedoch die anfängliche Schüchternheit der interviewten Personen. Dies setzt ein hohes Maß an Einfühlungsvermögen und Sensibilität des Interviewers voraus. Zudem kann ein wenig strukturiertes Interview viel Zeit in Anspruch nehmen, was bei Termindruck seitens des Interviewten zu kurzen Antworten und zu Stress führt. Das Ziel des Interviews kann dann nur schwer erreicht werden. Die Methode der Dokumentenanalyse hingegen generiert in kurzer Zeit und bei vergleichsweise wenig Aufwand viele Informationen und erfordert im Gegensatz zum Interview keine sozialen Kompetenzen. Kritisch ist jedoch festzuhalten, dass mittels dieser Methode nicht immer ein aktueller Sachstand wiedergegeben wird.

3. Die Entstehung der UN-Behindertenrechtskonvention [18]

3.1 The Standard Rules on the Equalization of Opportunities for Persons with Disabilities

Seit Jahrzenten erliegen Menschen mit Behinderungen schwersten Menschenrechtsverletzungen. 1993 bestätigte dies der UN-Sonderberichterstatter Leandro Despouys in seinem Bericht über die Rechte behinderter Menschen. In diesem betitelt der Autor jene Menschrechtsverletzungen, die für Menschen mit Behinderungen alltäglich sind. Die benannten Menschenrechtsverletzungen reichen von nichtbarrierefreien Verkehrsmitteln und Wohnungen über sexualisierte Gewalt, zwangsweiser Heimunterbringung und Sonderschulung bis hin zu Wahlverbot, Zwangssterilisation und dem Verbot von Heirat und Familiengründung.[19] Wie im Zuge aller großen Menschenrechts-bewegungen, bspw. im Kampf für die Gleichstellung von Mann und Frau, entstand auch für die Belange behinderter Menschen ein rechtlich verbindlicher Vertragstext zur Wahrung ihrer Rechte nicht über Nacht. Eine Reihe internationaler Instrumente muss als Vorläufer der heutigen UN-Konvention gewertet werden. Die Vereinten Nationen betiteln folgende Vorläufer als „Key antecedents to the Convention":

- „Declaration on the Rights of Disabled Persons (1975)
- World Programme of Action concerning Disabled Persons (1982)
- Tallinn Guidelines (1990)
- Principles for the Protection of Persons with Mental Illness and the Improvement of Mental Health Care (1991)
- Standard Rules on the Equalization of Opportunities for Persons with Disabilities (1993)"[20]

---

[18] Das Kapitel 3 stützt sich auch auf Ausführungen der Examensarbeit „Die UN-Konvention über die Rechte von Menschen mit Behinderung - Weg in eine inklusive Zukunft oder realitätsferne Utopie?", Raphaela Fink, 2009, Kapitel 2. Zusätzlich herangezogene Quellen werden gesondert ausgewiesen.
[19] Vgl. Die Beauftragte der Bundesregierung für die Belange behinderter Menschen (Hrsg.) (2009), S. 8.
[20] United Nations (2007), S. 10.

Die „Standard Rules on the Equalization of Opportunities for Persons with Disabilities" sind dabei als wegweisend für die Entwicklung der UN-Konvention zu sehen. Bereits in den achtziger Jahren gab es in Europa Vorstöße von Italien und Schweden, um die Rechte von Menschen mit Behinderungen zu stärken und zu schützen. Als beide Vorstöße scheiterten, verabschiedeten die Vereinten Nationen in den neunziger Jahren die „Standard Rules on the Equalization of Opportunities for Persons with Disabilities".[21] Die verabschiedeten Rahmenbestimmungen hatten jedoch keine rechtlich verbindliche, sondern ausschließlich empfehlende Wirkung.[22] Sie setzen sich aus 22 Standardegeln zusammen, welche aus Aussagen zu Verantwortlichkeiten der Staaten, behindertenpolitischen Richtlinien und Handlungsvorschlägen bestehen. Die Regeln basieren auf dem umweltbedingten Behinderungsbegriff, der besagt, dass soziale Beeinträchtigungen[23] durch eine Konfrontation von behinderten Menschen mit ihrer Umgebung entstehen. Ursache dafür sind z.B. eine im physischen Sinne nicht barrierefreie Umgebung oder eine Lücke zwischen dem Dienstleistungsangebot einer Gesellschaft und den eigentlichen Bedürfnissen behinderter Menschen. Daraus geht hervor, dass sich nicht das Individuum an die Gesellschaft anpassen muss, sondern die Gesellschaft muss in ihrer Gestaltung allen Menschen die gleichen Entfaltungsmöglichkeiten bieten. Thematisch lassen sich die Standardregeln in drei Kategorien gliedern. Die erste bilden die Voraussetzungen für eine gleichberechtigte Teilhabe. Hier wird auf die Bedeutung der Sensibilisierung der Bevölkerung, die Notwendigkeit einer guten medizinischen Versorgung in Einklang mit angemessener Rehabilitation und Unterstützungsdiensten aufmerksam gemacht.[24] Eine weitere Kategorie bilden die Zielbereiche in Bezug auf Partizipation. Hiernach gilt es, eine barrierefreie Umwelt sowohl im Innen- als auch im Außenbereich zu konstruieren[25], Einkommen zu sichern, das Recht auf

---

[21] Auch bekannt als „Rahmenbestimmungen für die Herstellung der Chancengleichheit für Behinderte".
[22] Vgl. Die Beauftragte der Bundesregierung für die Belange behinderter Menschen (Hrsg.) (2009), S. 8.
[23] engl: handicap.
[24] Siehe dazu auch Regel 1-4.
[25] Der Barrierefreiheit von öffentlichen Gebäuden wie z.B. Kirchen kommt hier eine besondere Bedeutung zu, denn nur so kann die freie Ausübung der Religion

Familienleben, die freie Entfaltung der Persönlichkeit zu gewährleisten, und eine fähigkeitenorientierte Bildung zu ermöglichen. Zudem soll Partizipation an Kultur, Freizeit und Sport gefördert werden, um dem Ziel einer gleichberechtigten Teilhabe am gesellschaftlichen Leben nachzukommen.[26] In der letzten Kategorie der UN-Standardregeln werden Maßnahmen zur Durchführung der oben genannten Ziele aufgeführt. Neben einer rechtlichen Grundlage für eine gleichberechtigte Telhabe seitens der Gesetzgebung müssen ein ständiger Informationsfluss und Forschung betrieben werden, um die aktuellen Bedürfnisse von Menschen mit Behinderungen zu kennen und diese unter beratender Einbindung von Behindertenorganisationen in der wirtschaftspolitischen und politischen Planung zu berücksichtigen. Weiter müssen zur effektiven Nutzung gesellschaftlicher Mittel alle Aktivitäten koordiniert, überprüft und evaluiert werden. Diese Durchführungsmaßnahmen sind in einem Prozess ständiger internationaler Zusammenarbeit[27] zu sehen, um die Lebensbedingungen behinderter Menschen durch wirtschaftlichen und technischen Austausch zu verbessern.[28] Die „Standard Rules on the Equalization of Opportunities for Persons with Disabilities" schaffen damit eine wichtige Grundlage für die Entstehung der UN-Konvention über die Rechte von Menschen mit Behinderungen. Bei genauerer Betrachtung fällt auf, dass viele Aspekte von 1993 bei der Konzeption der UN-Konvention berücksichtigt wurden. Die UN-Konvention, greift, wie im nachfolgendem Abschnitt 3.2 erkennbar, alle drei Kategorien der „Standard Rules on the Equalization of Opportunities for Persons with Disabilities" wieder auf.

---

gewährleistet werden. Siehe dazu auch Regel 12.
[26] Siehe dazu auch Regel 5-12.
[27] Siehe dazu auch Regel 13-22.
[28] Vgl. The Swedish Co-operative Body of Organisations of Disabled People (2004), S. 13-15.

3.1.1 Human Rights and Disability Study

Im Auftrag von Mary Robinson, der hohen Kommissarin für Menschenrechte, erschien im Jahre 2002 die Studie „Human Rights and Disability", die als wesentlicher Vorstoß auf dem Weg zur UN-Konvention zu werten ist. Die Studie befasst sich mit den Auswirkungen der bis dahin bestehenden Menschenrechtsverträge auf Menschen mit Behinderungen und verdeutlicht die Missstände im Menschenrechtsschutz.[29] Die „Human Rights and Disability Study" gliedert sich in drei Abschnitte. Zunächst erläutern die Autoren Gerard Quinn und Theresia Degener[30] den Hintergrund dieser Studie und zeigen deutlich menschenrechtliche Veränderungen, welche im gesellschaftlichen Kontext und unter Berücksichtigung der Existenz bisheriger Menschenrechtsinstrumente, Defizite erkennen lassen. Abschnitt zwei beinhaltet eine Evaluation der aktuell genutzen Menschenrechtsinstrumente (Verträge) der Vereinten Nationen. Zu dieser Zeit waren insgesamt sechs Menschenrechtsverträge gültig. Detailliert werden in diesem Abschnitt die aktuelle und potenzielle Relevanz dieser Menschenrechtsverträge bezugnehmend auf das Thema Behinderung analysiert und weiterführend mittels Fallstudien auf Menschenrechtsdefizite untersucht. Im Abschnitt drei dieser Studie werden abschließend in vier Kapiteln Zukunftsperspektiven angeführt.[31] Vor allem in diesem Kapitel wird die Bedeutung der „Human Rights and Disability Study" für die UN-Konvention[32] sichtbar. Im Verlauf mehrerer Kapitel bauen die Autoren eine Argumentationslinie für eine Konvention auf, anhand derer sich Quinn und Degener im letzten Kapitel explizit für die Erarbeitung einer Konvention zum Schutz der Rechte von Menschen mit Behinderungen aussprechen:

„It may be objected that a convention would undermine the Standard Rules. But the Standard Rules and the existing human rights instruments share the same bedrock commitment to dignity and equality. These values

---

[29] Vgl. Die Beauftragte der Bundesregierung für die Belange behinderter Menschen (Hrsg.) (2009), S. 8.
[30] Professorin für Recht und Disability Studies und Mitglied der deutschen Delegation beim Ad-Hoc-Ausschuss der Vereinten Nationen von 2002-2006.
[31] Vgl. Quinn/ Degener (2002), S. 13-16.
[32] Im weiteren Verlauf UN-Behindertenrechtskonvention genannt.

could only be amplified in a legally binding instrument. Hence, the adoption of a convention could be seen as a triumph for the logic and spirit of the Standard Rules." [33]

3.1.2 Die sieben Sitzungen

Am 19. Dezember 2001 wurde auf Initiative Mexikos die Resolution 56/168 von der UN-Generalversammlung verabschiedet. Mit dieser Resolution wurde der Ad-Hoc-Ausschuss eingeführt, um Vorschläge für eine umfassende Konvention zum Schutz und zur Förderung von Rechten und der Würde von behinderten Menschen zu prüfen. Vom 29.7 bis 9.8.2002 fand die erste Sitzung des Ad-Hoc-Ausschusses statt. In Vorbereitung auf dessen zweite Sitzung ersuchte der Ausschuss alle relevanten Staaten und Organisationen um Vorschläge, Ansichten, Bedenken und Anregungen. Auf der zweiten Sitzung vom 16.6. bis 27.6.2003 sprachen sich die Mitglieder des Ausschusses für den Einsatz einer Arbeitsgruppe - bestehend aus Regierungsvertretern, Nichtregierungsorganisationen und nationalen Menschenrechts-institutionen - aus. Die Arbeitsgruppe tagte vom 5.1. bis 16.1.2004 und erarbeitete die sogenannte „Draft Comprehensive and integral International Convention on the Protection and Promotion of the Rights and Dignity of Persons with Disabilities". Im Dezember 2003 ergänzte die Resolution 58/246 der UN-Generalversammlung die bisher nur prüfenden Befugnisse des Ad-Hoc-Ausschusses. Auf einer dritten Sitzung sollte er nun mit Verhandlungen über eine Konvention beginnen. Vom 24.5. bis 4.6.2004 fanden die ersten Verhandlungen mit Nichtregierungsorganisationen und Regierungsdelegationen auf Basis des bisher erarbeiteten Entwurfstextes der Arbeitsgruppe statt.[34] Bei der Zusammenstellung der Regierungsdelegationen wurden die teilnehmenden Regierungen zuvor aufgefordert, diese auch mit Menschen mit Behinderungen zu besetzen und diese in den Entstehungsprozess einzubinden. Nach der dritten, vierten (23.8 bis-3.9.2004), fünften (24.1. bis 4.2.2005) und sechsten Sitzung (1.8. bis

---

[33] Quinn/ Degener (2002), S. 307.
[34] Vgl. United Nations, 2007, Verfügbar unter: http://www.un.org/esa/socdev/enable/rights/adhoccom.htm, abgerufen am 03.11.2010.

12.8.2005) vollendete der Ausschuss zwei Lesungen des Entwurfstextes. Auf der siebenten Sitzung vom 16.1. bis 3.2.2006 legte der Ausschussvorsitzende Don MacKay einen Entwurf als bisheriges Arbeitsergebnis vor, welcher auf der siebten und achten Sitzung (14. bis 15.8.2006) verhandelt wurde. Zum Ende der achten Sitzung wurden der Konventionstext und das dazugehörige Fakultativprotokoll[35] angenommen. Am 5. Dezember 2006 wurde der Konventionstext auch sprachlich fertiggestellt und mit dem Fakultativprotokoll der Generalversammlung zur Annahme vorgelegt. Einstimmig wurden die Konvention mit dem Titel „Convention on the Rights of Persons with Disabilities"[36] und das Fakultativprotokoll am 13. Dezember 2006 verabschiedet. Ab dem 30. März 2007 konnten nun beide Dokumente unterzeichnet werden. Deutschland unterzeichnete die Dokumente am 30. März 2007 und ist damit einer der Erstunterzeichner. Bereits im Dezember 2008 wurde das Ratifizierungsgesetz zum „Übereinkommen über die Rechte von Menschen mit Behinderungen" in Deutschland durch den Bundestag und den Bundesrat verabschiedet und ist seit dem 26. März 2009 für Deutschland verbindlich.[37] Nach Artikel 43 und 45 der UN-Behindertenrechtskonvention sind für Deutschland nun alle aus ihr resultierenden Verpflichtungen verbindlich, müssen verwirklicht und in nationales Recht transformiert werden.[38] Bisher wurde die UN-Behindertenrechtskonvention weltweit von 147 Staaten unterzeichnet und von 95 ratifiziert. Das Fakultativprotokoll wurde insgesamt von 90 Staaten unterzeichnet und von 58 ratifiziert.[39] Die nachfolgende Karte[40] ermöglicht einen detaillierteren Überblick der Unterzeichner und Nichtunterzeichner:

---

[35] Das Zusatzprotokoll regelt die Arbeitsweise des Ausschusses für die Rechte von Menschen mit Behinderungen und wird im weitren Verlauf dieser Studie vernachlässigt.
[36] Ins deutsche übersetzt: „Übereinkommen über die Rechte von Menschen mit Behinderungen"
[37] Vgl. Die Beauftragte der Bundesregierung für die Belange behinderter Menschen (Hrsg.) (2009), S. 9.
[38] Vgl. Poscher/ Langer/ Rux (2008), S. 12 u. 16.
[39] United Nations (2010), verfügbar unter: http://www.un.org/disabilities/countries.asp?navid=12&pid=166, abgerufen am 05.11.2010.
[40] United Nations (2010), verfügbar unter: http://www.un.org/disabilities/documents/maps/enablemap.jpg, abgerufen am 05.11.2010.

Abb. 1: Geographische Darstellung der Unterzeichner- und Nichtunterzeichnerstaaten

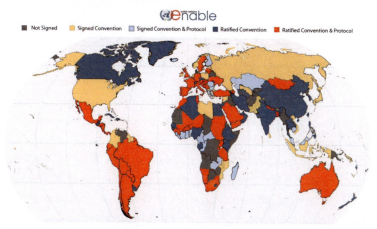

(Quelle: Übernommene Darstellung, United Nations (2010), Stand: 05.11.2010)[41]

Innerhalb der Europäischen Union haben bis auf Lettland alle 26 Mitgliedstaaten die UN-Behindertenrechtskonvention ratifiziert und 16 Staaten das Fakultativprotokoll unterzeichnet.[42]

3.2 Die Konzeption der UN-Behindertenrechtskonvention

„Zweck dieses Übereinkommens ist es, den vollen und gleichberechtigten Genuss aller Menschenrechte und Grundfreiheiten durch alle Menschen mit Behinderungen zu fördern, zu schützen und zu gewährleisten und die Achtung der ihnen innewohnenden Würde zu fördern." [43]

Mit diesem Ziel stärkt die UN-Behindertenrechtskonvention die bisher geltenden UN-Menschenrechtsverträge. Sie ist damit jedoch nicht als Sonderregelwerk für Menschen mit Behinderungen zu sehen, sondern als ein Übereinkommen, das die bestehenden menschenrechtlichen Regelungen stärkt, welche allen Menschen in gleichem Maße zustehen. Es geht weniger um die Entwicklung spezieller Rechte für Menschen mit

---

[41] Darstellung verfügbar unter http://www.un.org/disabilities/documents/maps/enable map.jpg, abgerufen am 05.11.2010.
[42] Europäische Union (2010), verfügbar unter: http://ec.europa.eu/social/main.jsp?cat Id=431&langId=de, abgerufen am 16.10. 2010.
[43] UN-Konvention über die Rechte von Menschen mit Behinderungen, Art.1.

Behinderungen als vielmehr um das Bemühen, eine besondere Perspektive zu schaffen, welche auf die Probleme von Menschen mit Behinderungen als gleichberechtigte Individuen aufmerksam macht. Menschen mit Behinderung werden dabei nicht, wie immer noch weit verbreitet ist, als krank oder defizitär etikettiert, sondern als Bestandteil der Normalität einer Gesellschaft wertgeschätzt. Die Vielfalt menschlichen Lebens bildet das zentrale Leitbild der UN-Behindertenrechtskonvention. Wie bereits in den „Standard Rules on the Equalization of Opportunities for Persons with Disabilities" findet in der UN-Behindertenrechtskonvention[44] eine subjektorientierte Betrachtung statt, indem behinderte Menschen als Rechtssubjekte mit dem Recht auf ein selbstbestimmtes Leben behandelt werden. Unter der Prämisse unterschiedlich existierender Lebenslagen greift die UN-Behindertenrechtskonvention inhaltlich alle großen Lebensbereiche behinderter Menschen auf und trifft konkrete Regelungen, um die Rechte von Menschen mit Behinderungen innerhalb der einzelnen Lebensbereiche zu fördern und zu schützen.[45] Nachstehend erfolgt eine thematische Zuordnung der Artikel[46]:

Themenfeld	Artikel der BRK
Gleichstellung, Antidiskriminierung	Art. 1 Purpose Art. 2 Definitions Art. 3 General prinziples Art. 4 General obligations Art. 5 Equality and nondiscrimination Art. 8 Awareness-raising Art. 31 Statistics and data collection
Frauen	Art. 6 Women with disabilitiey and also Preambel, Art. 3, 8,16, 23, 25, 28, 34
Bildung	Art. 7 Children with disabilities Art. 24 Education
Barrierefreiheit	Art. 9 Accessibility Art. 13 Access to justice

---
[44] Nachfolgend auch BRK genannt.
[45] Vgl. Aichele (2008), S. 4.
[46] Die Artikel sind in der englischsprachigen Originalversion aufgelistet.

	Art. 21 Freedom of expression and option, and access to information
	Art. 29 Participation in political and public life
	Art. 30 Participation in cultural life, recreation, leisure and sport
Freiheit, Schutz, Sicherheit	Art. 10 Right of life
	Art. 11 Situations of risk and humanitarian emergencies
	Art. 12 Equal recognition before the law
	Art. 14 Liberty and security of person
	Art. 15 Freedom from torture or cruel, inhuman or degrading treatment or punishment
	Art. 16 Freedom from exploitation, violence and abuse
	Art. 17 Protecting the integrity of the person
Selbstbestimmtes Leben, soziale Sicherung	Art. 18 Liberty ov movement and nationality
	Art. 19 Living independently and being included in the community
	Art. 20 Personal mobility
	Art. 22 Respect for privacy
	Art. 23 Respect for home and the family
	Art. 28 Adequate standard of living and social protection
Gesundheit	Art. 25 Health
Rehabilitation, Erwerbsarbeit	Art. 26 Habilitation and rehabilitation
	Art. 27 Work and employment [47]

Nach der im Artikel 1 formulierten Zielsetzung werden im Artikel 2 der UN-Behindertenrechtskonvention Begriffsbestimmungen vorgenommen. Zu diesen Begriffen zählen z.b. „Diskriminierung" oder „universelles Design". Eine zentrale Bedeutung kommt dabei dem Begriff „angemessene Vorkehrungen" zu. Daraus resultiert die Verpflichtung, dass in bestimmten Fällen Gegebenheiten angepasst werden müssen, damit behinderte Menschen ihre Menschenrechte in gleichem Maße genießen und ausüben können wie alle anderen. Im Artikel 3 der UN-Behindertenrechtskonvention werden weitergehende Grundsätze wie die Würde des Menschen, selbstbestimmtes Leben, Teilhabe und Einbeziehung

---

[47] Die Beauftragte der Bundesregierung für die Belange behinderter Menschen (Hrsg.) (2009), S. 13.

formuliert. Die Grundsätze resultieren aus dem allgemeinen Menschenrechtsgedanken und bilden die Basis für die UN-Behindertenrechtskonvention. Hervorzuheben sei an dieser Stelle der aus Artikel 3 c) geforderte Begriff der Inklusion, dessen Gedanken sich in jedem Artikel der UN-Behindertenrechtskonvention wiederfindet. Artikel 4 der UN-Behindertenrechtskonvention enthält „allgemeine Verpflichtungen". Der Staat hat demnach dafür Sorge zu tragen, dass alle Menschenrechte und Grundfreiheiten ohne Diskriminierungen für behinderte Menschen verwirklicht, gewährleistet und gefördert werden. Weitergehend ist die UN-Behindertenrechtskonvention in objektive (Artikel 5-9, 11 und 26) und subjektive Pflichten (Artikel 10,12-25, 27-30) zu unterteilen. Die subjektiven Pflichten werden dabei von konkreten Rechten von Menschen mit Behinderungen abgeleitet. Aus Artikel 21 resultiert beispielsweise das Recht auf Meinungsfreiheit. Das für alle Menschen geltende Recht auf freie Meinungsäußerung wird in der UN-Behindertenrechtskonvention aufgegriffen und weiter ausgestaltet. So können Menschen mit Behinderungen ihre Meinungsfreiheit in den von ihnen gewählten Formen ausüben. Gültigkeit besitzt diese Aussage jedoch für alle Menschen.[48] Weitergehend enthält die UN-Behindertenrechtskonvention internationale sowie nationale Überwachungsmechanismen, welche die Umsetzung gewährleisten sollen. Nach Artikel 34 der UN-Behindertenrechtskonvention überwacht auf internationaler Ebene die Einhaltung der Rechte der sogenannte Ausschuss für die Rechte von Menschen mit Behinderungen. Die Vertragsstaaten, so auch Deutschland, sind nach Artikel 35 verpflichtet, dem Ausschuss einen Bericht über Maßnahmen zur Umsetzung der UN-Behindertenrechtskonvention vorzulegen. Dieser Bericht ist nach Inkrafttreten erstmals innerhalb von zwei Jahren, dann alle vier Jahre zu erstellen. Zusätzlich enthält Artikel 1 des Fakultativprotokolls zur UN-Behindertenrechtskonvention ein individuelles Beschwerdeverfahren, das Opfer einer Vertragsverletzung zur Einleitung eines Mitteilungsverfahrens beim Ausschuss für die Rechte von Menschen mit Behinderungen berechtigt. Bei systematischen oder schwerwiegenden Verstößen ist der Ausschuss laut Artikel 6 des Fakultativprotokolls

---

[48] Vgl. Aichele (2008), S. 5-7.

berechtigt, ein Untersuchungsverfahren einzuleiten. Die innerstaatliche Umsetzung der UN-Behindertenrechtskonvention bestimmt sich aus Artikel 33 der UN-Behindertenrechtskonvention. Artikel 33 Abs. 1 sieht die Schaffung staatlicher Anlaufstellen[49] vor, in deren Zuständigkeit alle mit der Durchführung der UN-Behindertenrechtskonvention in Zusammenhang stehenden Angelegenheiten fällt. Weitergehend soll nach Artikel 33 Abs. 2 eine unabhängige nationale Monitoring-Stelle zur Förderung und zum Schutz der Rechte der UN-Behindertenrechtskonvention geschaffen werden. Gleichzeitig wird diese Stelle eine Überwachungsfunktion der innerstaatlichen Umsetzung übernehmen. In Deutschland ist das Institut für Menschenrechte in Berlin mit dieser Aufgabe betraut und in der Funktion als unabhängige Monitoring-Stelle tätig. Neben diesen beiden nationalen Überwachungsmechanismen wird im Artikel 33 Abs. 3 ein weiterer benannt. Demnach soll die Zivilgesellschaft vor allem Menschen mit Behinderungen und deren vertretende Organisationen in den Überwachungsprozess einbeziehen, um auch hier eine gleichberechtigte Teilhabe zu gewährleisten.[50]

3.2.1 Die deutschsprachige Fassung

Die UN-Behindertenrechtskonvention liegt in insgesamt sechs Sprachen[51] vor, so auch in einer zwischen Deutschland, Österreich und der Schweiz abgestimmten Fassung. Die deutsche Übersetzung der UN-Behindertenrechtskonvention ist seit einiger Zeit zunehmender Kritik ausgesetzt. Kritiker behaupten, dass die deutschsprachige Version dem Anspruch der englischsprachigen an einigen Stellen nicht gerecht wird. Die Kritik rührt vor allem daher, dass einige englischsprachige Begriffe nicht eins zu eins ins Deutsche übersetzt wurden. An dieser Stelle sei darauf hingewiesen, dass die englischsprachige Originalversion völkerrechtlich verbindlich ist, die deutschsprachige Fassung jedoch nicht. Am meisten umstritten ist der in der englischsprachigen Fassung

---

[49] In der englischsprachigen Version als „Focal Points" bezeichnet.
[50] Steinbrück (2010), verfügbar unter: http://www.behindertenbeauftragter.de/nn_1416018 /Al/Kampagne/Bildungspolitik/Bericht/RedeStenbrueck.html, abgerufen am 03.11.2010.
[51] Englisch, französisch, deutsch, arabisch, chinesisch und russisch.

enthaltene Begriff „inclusion".[52] Das Wort „inclusion", zu Deutsch Inklusion, wurde mit dem Begriff Integration übersetzt und nicht mit dem Wort Inklusion. Ein daraus resultierendes Problem ergibt sich in der internationalen Zusammenarbeit. Die in Deutschland herrschenden behindertenpolitischen Diskussionen können mit den internationalen Veränderungen kommunikativ schlechter Schritt halten. Weiter ergeben sich Nachteile in der Nutzung der aus der UN-Behindertenrechtskonvention resultierenden Potenziale und Chancen, die mit dem Begriff Inklusion einhergehen[53], durch den Begriff Integration aber begrenzt werden.[54] Nachstehend soll im Kapitel 4. eine Differenzierung beider Begriffe vorgenommen werden und das mit dem Begriff Inklusion einhergehende Potenzial hervorgehoben werden.

---

[52] Siehe dazu auch Artikel 3 c), 24, 27 (1).
[53] Siehe auch Abschnitt 4.1.1.
[54] Vgl. Aichele (2008), S. 12.

4. Integration oder Inklusion?

4.1 Die Entstehung des Begriffes „Inklusion"

Der gesellschaftliche Umgang mit Menschen mit Behinderungen befindet sich seit einiger Zeit in einem Prozess des Wandels. Bisher beschrieb die Literatur den Umgang mit behinderten Menschen als Integration, doch scheint dieser Begriff im Laufe des Transformationsprozesses nicht mehr ausreichend zu sein. In der heutigen Literatur findet man zunehmend ergänzende, teilweise ersetzende Begriffe wie Empowerment, Partizipation und Inklusion von Menschen mit Behinderungen. Vor allem der Inklusionsbegriff gewann im Laufe der letzten Jahre verstärkt an Bedeutung und prägt durch die Aufnahme in die UN-Behindertenrechtskonvention maßgeblich den zu beobachtenden gesellschaftlichen Umbruch. Um diesen Wandlungsprozess mit dem scheinbar neuen Ziel der Inklusion verstehen zu können, muss eine grobe historische Betrachtung dessen vorgenommen werden. Nach dem Autor Alfred Sander lässt sich die Begriffsentwicklung in fünf Phasen gliedern:

Abb. 2: Phasen von der Exklusion zur Inklusion

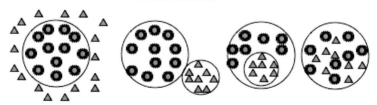

Exklusion   Separation   Integration   Inklusion

(Quelle: Eigene Darstellung in Anlehnung an Dorrance (2010))[55]

Die erste Phase beschreibt Sander mit dem Begriff Exklusion, welcher Ausschließung oder Ausschluss bedeutet. Nach Sander haben Menschen mit Behinderungen in dieser Phase keinen Zugang zu Angeboten der Bildungs-, Erziehungs-, oder anderen Regelsystemen. Ihnen blieb eine

---

[55] Originaldarstellung zu finden unter Dorrance, Carmen (2010): Barrierefrei vom Kindergarten in die Schule? Eine Untersuchung zur Kontinuität von Integration aus der Sicht betroffener Eltern, S. 54.

Teilhabe am gesellschaftlichen Leben gänzlich verwehrt. Zwischen den sechziger und achtziger Jahren sieht Sander eine neue Phase, die er als Segregation bezeichnet. Segregation bedeutet Separation oder auch Trennung. Sander beschreibt diese Phase mit der damaligen, aber bis heute noch relevanten Aufteilung der Kinder in das Bildungssystem. Kinder wurden aufgrund von Leistungskriterien homogen angelegten Schulformen zugeordnet. Wurden diese Leistungskriterien nicht erfüllt, so führte das die Kinder in Sonderschulen/Institutionen. Behinderte Menschen wurden in dieser Phase zwar weiter als versorgungs- und hilfsbedürftig angesehen, zumindest aber in Sondereinrichtungen gefördert. Bereits in dieser Stufe wird die Bedeutung von Integration betont, welche bisweilen darauf zielte, die gesellschaftliche Akzeptanz zu fördern und Begegnungsmöglichkeiten zu schaffen.[56] Die dritte Phase wird von Sander als Integration betitelt. In den siebziger und achtziger Jahren begann eine vor allem durch Eltern von behinderten Kindern in Gang gesetzte Integrationbewegung, die mit neuen Paradigmen die bisher separativen Gegebenheiten weiterentwickelten. Menschen mit Behinderungen wurden zwar auch in dieser Phase als „defizitär ausgestattet" angesehen, jedoch wurde die Möglichkeit erkannt, dass diese Defizite durch Fördermaßnahmen soweit reduzierbar sind, dass Menschen mit Behinderungen an normale Lebensbedingungen herangeführt werden können. Integration wurde damals wie heute als strukturelle Eingliederung in die Gesellschaft verstanden. In den letzten Jahren zeichnet sich nach Sander eine vierte Phase mit dem Begriff Inklusion ab. Ursprung dieser Phase bildete die Debatte über die Selbstbestimmung von Menschen mit Behinderungen. Vorwiegend fand im Rahmen der Integration eine Fremdbestimmung über Konzepte und Maßnahmen zur Verbesserung der Situation von Menschen mit Behinderungen statt. Diese Maßnahmen und Konzepte waren oftmals von den Interessen vieler Organisationen, Kostenträger und Wohlfahrts-verbänden geprägt, vernachlässigten aber die eigentlichen Bedürfnisse behinderter Menschen. Mitte der neunziger Jahre wurde die Forderung nach einem Modell, in dessen Mittelpunkt die Selbstbestimmung

---

[56] Vgl. Hinz/ Körmer/ Niehoff (Hrsg.) (2008), S. 15-16.

behinderter Menschen steht, immer stärker. Das Leitbild der Inklusion fokussiert die geforderte Selbstbestimmung und beschreibt Menschen mit Behinderung als durchaus fähig, an normalen Lebensbedingungen teilzuhaben und ihr Leben selbständig sowie eigenverantwortlich zu gestalten.[57]

4.1.1 Von der Integration zur Inklusion

Die Begriffe Integration und Inklusion werden aktuell vor allem durch die deutschsprachige Übersetzung der UN-Behindertenrechtskonvention stark diskutiert. In der Literatur wird der Begriff Integration von einigen Autoren mit dem Begriff Inklusion gleichgesetzt, andere differenzieren stark und betrachten Inklusion als weiterentwickelte Form der Integration. Dieser Gedanke setzt an den Problemen der Integration an. Unter dem Begriff der Integration wird, wie bereits erwähnt, eine oftmals rein strukturelle Eingliederung verstanden. Als Problem zu sehen ist die Tatsache, dass sich gleichsam stets eine Zwei-Welten-Theorie herausstellt: Auf der einen Seite existiert die Welt der nichtbehinderten Menschen, und auf der anderen Seite gibt es die Welt der behinderten Menschen. Als erstrebenswert gelten bei dieser Sichtweise die Normen der nichtbehinderten Menschen.[58] In der Behindertenbewegung taucht daher der Gedanke auf, dass es Integration nur zu den Bedingungen der nichtbehinderten Menschen gibt. Integration wird nun zunehmend als Anpassungsprozess verstanden, der von den nichtbehinderten Menschen erwartet wird und die Anpassungsprobleme behinderter Menschen zu ignorieren scheint.[59] Unterstützung findet dieser Gedanke in der meist nur räumlich vorgenommenen Integration. Oft werden Wohneinrichtungen vom Stadtrand näher zum Zentrum verlagert, und auch auf dem allgemeinen Arbeitsmarkt werden Stellenangebote geschaffen, um Menschen mit Behinderungen zu integrieren. Vernachlässigt wird bei der Schaffung zentrumsnaher Wohnungsangebote für behinderte Menschen jedoch eine infrastrukturelle, soziale und kulturelle Einbettung und

---

[57] Vgl. Schwalb/Theunissen (Hrsg.) (2009), S. 11-15.
[58] Vgl. Schwalb/ Theunissen (Hrsg.) (2009), S. 14.
[59] Vgl. Dederich/ Greving/ Mürner/ Rödler (Hrsg.) (2006), S. 65.

Vernetzung. Eine funktionale Integration findet nicht statt, denn räumliche Integration behinhaltet nicht zwangsweise auch den Kontakt mit der Außenwelt. Eine zweite Problemstellung geht mit der Fremdbestimmung einher. Maßnahmen und Konzepte, die zur Verbesserung der Situation von Menschen mit Behinderungen beitragen sollten, waren geprägt vom Eigeninteresse der Wohlfahrtsverbände und Kostenträger. Sie wurden meist von nichtbehinderten Menschen entwickelt und zielten häufig an den wahren Bedürfnissen behinderter Menschen vorbei.[60] Von Seiten der Menschen mit Behinderungen wurde die Frage, ob Integration wirklich das zu erstrebende Ziel sei, immer lauter. Gleichermaßen wurde die Forderung nach Selbstbestimmung, Mitbestimmung und Eigenverantwortlichkeit immer stärker.[61] An diesem Punkt setzt die nach Sander als Inklusion bezeichnete vierte Phase an. Inklusion bedeutet Einschließung, Einschluss und vermeidet in seinem Anspruch das Klassifizieren bestimmter Gruppen. Im Vordergrund der Betrachtung steht die Heterogenität einer Gesellschaft als Normalzustand und widerspricht damit dem Gedanken der Zwei-Welten-Theorie. Kategorisierungen aufgrund des Geschlechts, der Nationalität oder aufgrund einer Behinderung werden im Leitbild der Inklusion abgelehnt und jedem Menschen das Recht auf eine vollwertige Mitgliedschaft in der Gesellschaft zugesichert.[62] Eine vollwertig anerkannte Mitgliedschaft impliziert gleichzeitig das Recht auf unmittelbare Zugehörigkeit, Selbstbestimmung und Partizipation. Im Rahmen der Inklusion bezieht sich die unmittelbare Zugehörigkeit dabei nicht mehr ausschließlich auf Menschen mit Behinderungen, sondern ebenso auf ältere Menschen, auf Familien und auf Kinder mit Migrationshintergrund, Alleinerziehende etc. Im Blickwinkel steht die Diversität einer Gesellschaft, in der sozialverträgliche individuelle Lebensentwürfe akzeptiert und unterstützt werden.[63] Das Recht auf Partizipation und auf Selbstbestimmung soll die Mitwirkung an Maßnahmen und Konzepten zur Verbesserung der Situationen gewährleisten und eine Fremdbestimmung verhindern.

---

[60] Vgl. Schwalb/ Theunissen (Hrsg.) (2009), S. 12.
[61] Vgl. Dederich/ Greving/ Mürner/ Rödler (Hg.) (2006), S. 66-67.
[62] Vgl. Hinz/ Körmer/ Niehoff (Hrsg.) (2008), S. 21-22.
[63] Vgl. Schwalb/ Theunissen (Hrsg.) (2009), S. 18.

Folgerichtig werden jene Konzepte nicht ausschließlich zielgerichtet auf Menschen mit Behinderungen wirken, sondern auf all jene, die daran ein Bedürfnis haben könnten. Problematische Ansätze lassen sich jedoch auch im Leitgedanken der Inklusion erkennen. Oft wird der Zustand einer inklusiven Gesellschaft als Illusion betrachtet. In der Soziologie wird eine Gesellschaft als funktional-differenziert und aus Teilsystemen bestehend beschrieben. Diese Teilsysteme sind als relativ autonome Einheiten zu sehen, welche über gesetzliche Regulation des Staates miteinander agieren und kommunizieren. Ein Exklusionseffekt wird deutlich und lässt vermuten, dass Inklusion nur innerhalb der einzelnen Teilsysteme denkbar ist. Der Behindertenarbeit als eigenes Teilsystem wird in diesem Kontext als Verbindung gesehen, um durch verstärkte Kommunikation den Inklusionsgedanken zumindest im größtmöglichen Maß zu verwirklichen.[64]

4.2 Schlussfolgerungen

Wenngleich beide Leitbilder Nachteile aufweisen, so ist doch festzustellen, dass der Inklusionsgedanke ein neues Verständnis gesellschaftlichen Zusammenlebens verspricht. Inklusion ist ein Konzept, das Behinderung als Teil der Normalität versteht, jeden Menschen von Beginn an einschließt und an Planungsprozessen partizipieren lässt. Integration hingegen wirkt in der Praxis zielgerichtet auf die "Wiederherstellung einer Einheit" und bedient sich zu diesem Zweck besonderer Maßnahmen. Durch diese Betrachtung werden zwei unterschiedliche Schwerpunkte deutlich. Während Inklusion die Einbeziehung eines Menschen als vollwertiges Mitglied einer Gesellschaft von Beginn an vorsieht und es nicht zur Ausgrenzung kommen lässt, geht es in der Praxis der Integration um die Einbeziehung eines neuen Mitglieds als Folge einer Ausgrenzung. Inklusion kann demnach nicht als weiterentwickelte Form der Integration bezeichnet werden. Vielmehr ist es als qualitative Veränderung und Umstrukturierung zu sehen, welche jedoch das Leitbild der Integration nicht vollständig außer Kraft setzt.[65] Solange eine Ausgrenzung und

---

[64] Vgl. Schwalb/ Theunissen (Hrsg.) (2009), S. 22.
[65] Vgl. Markowetz (2007), S. 2-6.

Aussonderung von Menschen mit Behinderungen stattfindet, sind integrative Maßnahmen notwendig. Ausgegerenzte Menschen mit Behinderungen bedürfen weiterhin der Integration, um anschließend in ein inklusives Leben übergehen zu können.[66]

---

[66] Vgl. Schwalb/ Theunissen (Hrsg.) (2009), S. 20.

5. Grundlagen des barrierefreien Bauens in Deutschland

5.1 Rechtliche Regelungen auf Bundesebene

Mit Blick auf die bisherige Sozial- und Behindertenpolitik Deutschlands determinieren eine Reihe gesetzlicher Regelungen auf Bundes- und Landesebene die gleichberechtigte Teilhabe behinderter Menschen am gesellschaftlichen Leben. Auf Bundesebene verabschiedete 1994 der Deutsche Bundestag eine Änderung des Grundgesetzes, wonach ergänzend im Artikel 3 Abs. 3

„(…) niemand nach seiner Behinderung benachteiligt werden darf." [67]

Am 1. Mai 2002 trat dann das Behindertengleichstellungsgesetz, nachfolgend BGG genannt, in Kraft. Ziel dieses Gesetzes ist es,

„(…) die Benachteiligung von behinderten Menschen zu beseitigen und zu verhindern sowie die gleichberechtigte Teilhabe von behinderten Menschen am Leben in der Gesellschaft zu gewährleisten und ihnen eine selbstbestimmte Lebensführung zu ermöglichen. Dabei wird besonderen Bedürfnissen Rechnung getragen." [68]

Innerhalb dieses Gesetzes werden in § 4 erstmals auf Bundesebene konkret Bestimmungen in Bezug auf die barrierefreie Gestaltung öffentlich zugänglicher Anlagen festgehalten:

„Barrierefrei sind bauliche und sonstige Anlagen (…), wenn sie für behinderte Menschen in der allgemein üblichen Weise, ohne besondere Erschwernis und grundsätzlich ohne fremde Hilfe zugänglich und nutzbar sind." [69]

In § 8 BGG werden weitere Bestimmungen zur Herstellung von Barrierefreiheit in den Bereichen Bau und Verkehr vorgenommen:

„(1) Zivile Neubauten sowie große zivile Um- oder Erweiterungsbauten des Bundes einschließlich der bundesunmittelbaren Körperschaften,

---
[67] GG, Art. 3 Abs. 3.
[68] BGG, § 1.
[69] BGG, § 4.

Anstalten und Stiftungen des öffentlichen Rechts sollen entsprechend den allgemein anerkannten Regeln der Technik barrierefrei gestaltet werden. (...)" [70]

„(2) Sonstige bauliche oder andere Anlagen, öffentliche Wege, Plätze und Straßen sowie öffentlich zugängliche Verkehrsanlagen und Beförderungsmittel im öffentlichen Personenverkehr sind nach Maßgabe der einschlägigen Rechtsvorschriften des Bundes barrierefrei zu gestalten. (...)" [71]

Im Jahre 2004 trat das Sozialgesetzbuch 9, weiter als SGB IX bezeichnet, in Kraft. In § 1 wird das Ziel dieses Gesetzes wie folgt beschrieben:

„Behinderte oder von Behinderung bedrohte Menschen erhalten Leistungen nach diesem Buch und den für die Rehabilitationsträger geltenden Leistungsgesetzen, um ihre Selbstbestimmung und gleichberechtigte Teilhabe am Leben in der Gesellschaft zu fördern, Benachteiligungen zu vermeiden oder ihnen entgegenzuwirken. Dabei wird den besonderen Bedürfnissen behinderter und von Behinderung bedrohter Frauen und Kinder Rechnung getragen." [72]

Seit März 2009 gilt auf Bundesebene neben dem BGG und dem SGB IX auch das Gesetz zum Übereinkommen über die Rechte von Menschen mit Behinderungen. Deutschland ist damit verpflichtet,

„(...) den vollen und gleichberechtigten Genuss aller Menschenrechte und Grundfreiheiten durch alle Menschen mit Behinderungen zu fördern, zu schützen und zu gewährleisten." [73]

---

[70] BGG § 8 (1).
[71] BGG § 8 (2).
[72] SGB IX, § 1.
[73] UN-Konvention über die Rechte von Menschen mit Behinderungen, Art.1.

5.2 Rechtliche Regelungen auf Landesebene

Das Bundesgleichstellungsgesetz wird auf Landesebene von den Gleichstellungsgesetzen der Länder flankiert, die wie Berlin 1999 als erstes Bundesland, eigene gesetzliche Regeln zur Gleichstellung behinderter Menschen in Kraft gesetzt haben.[74] Jedes Bundesland besitzt ein eigenes Landesgleichstellungsgesetz mit spezifischen Vorgaben und Regelungen für die jeweiligen Kommunen, welche sich abhängig vom Bundesland hinsichtlich der Verbindlichkeit und des Geltungsbereiches stark unterscheiden. Das Landesgleichberechtigungsgesetz von Baden-Wüttemberg beinhaltet bspw. Regelungen, die auch die Kommunen verpflichten, die Ziele der Gleichstellungsgesetze umzusetzen. In Brandenburg besteht eine solche Verpflichtung jedoch nicht.[75] In Bezug auf Barrierefreiheit treffen die jeweiligen Bundesländer eigene Regelungen in Anlehnung an das BGG. Beispielhaft ist die im Landesgleichberechtigungsgesetz von Berlin enthaltene Regelung hervorzuheben. Der dort aufgeführte § 4a beinhaltet Bestimmungen zur Barrierefreiheit, die im wesentlichem dem Wortlaut des § 4 BGG entsprechen und um einen zusätzlichen Satz ergänzen:

„Barrierefrei sind bauliche Anlagen, Verkehrsmittel, technische Gebrauchsgegenstände, Systeme der Informationsverarbeitung, akustische und visuelle Informationsquellen und Kommunikationseinrichtungen sowie andere gestaltete Lebensbereiche, wenn sie für Menschen mit Behinderung in der allgemein üblichen Weise, ohne besondere Erschwernis und grundsätzlich ohne fremde Hilfe zugänglich und nutzbar sind. Eine besondere Erschwernis liegt insbesondere auch dann vor, wenn Menschen mit Behinderung die Mitnahme oder der Einsatz benötigter Hilfsmittel verweigert oder erschwert wird." [76]

Bezugnehmend auf die Zielstellungen der Landesgleichberechtigungsgesetze kann durchaus Einigkeit festgestellt werden. Im Vordergrund stehen die Gleichstellung von Menschen mit Behinderungen und die

---

[74] Vgl. Deutscher Bundestag (2008), S. 51.
[75] Vgl. Grüber (2010), S. 13.
[76] LGBG, § 4 a.

Sicherstellung ihrer gleichberechtigten Teilhabe am gesellschaftlichen Leben. Hinsichtlich der Barrierefreiheit öffentlich zugänglicher Anlagen kommt neben den Landesgleichberechtigungsgesetzen, ebenfalls den Landesbauordnungen eine bedeutende Rolle zu. In den Bauordnungen der Länder sind Vorgaben und verbindliche Standards festgelegt, die beim Bau öffentlich zugänglicher Anlagen realisiert werden müssen. Einige Länder nehmen außerdem verbindlich Bezug auf verschiedene DIN-Normen, die als technische Baubestimmungen dienen und Barrierefreiheit gewährleisten sollen. Solche Vorgaben stärken die Umsetzung der Barrierefreiheit auf kommunaler Ebene. [77]

5.3 Aufgaben und Möglichkeiten auf kommunaler Ebene

Die zentrale Aufgabe einer Kommune ist die Daseinsvorsorge. Diese Aufgabe erschließt sich aus einer Vielzahl an Aufgaben, die - durch Bundes- und Landesgesetze geprägt -, unterschiedliche Verbindlichkeitsgrade aufweisen. Sie lassen sich in Pflichtaufgaben wie z.B. die Bauleitplanung oder den Unterhalt von Verkehrseinrichtungen und in freiwillige Aufgaben wie das Betreiben von Schwimmbädern gliedern. Das Handlungsfeld einer Kommune wird maßgeblich von bundes- und landesrechtlichen Vorgaben determiniert. Einen weiteren rechtlichen Bezugspunkt stellt seit 2009 auch die UN-Behindertenrechtskonvention dar. Aufgrund der kommunalen Selbstverwaltung ergeben sich viele Möglichkeiten der Gestaltung, die ebenfalls Einzug in die jeweiligen Satzungen finden können. Als Beispiel dafür können die Bestimmungen in Bezug auf Behindertenbeauftragte angeführt werden. Ob und mit welchen Befugnissen die Interessenvertretung von Menschen mit Behinderungen in einer Kommune eingerichtet werden kann, regeln die Landesgleichstellungsgesetze der Länder. Während das Berliner Landesgleichstellungsgesetz die Bezirke verpflichtet, Behindertenbeauftragte zu ernennen[78], beinhaltet das Bayrische Gesetz eine Soll- und

---

[77] Vgl. Grüber (2010), S. 14-15.
[78] In den Bezirken wählt die Bezirksverordnetenversammlung auf Vorschlag des Bezirksamtes einen Bezirksbeauftragten oder eine Bezirksbeauftragte für Menschen mit Behinderung. (LGBG, 1999, § 7 (1)).

das Thüringische Landesgleichstellungsgesetz lediglich eine Kann-Bestimmung. Die Kommunen sind befähigt, Behindertenbeauftragte zu ernennen, jedoch nutzen nicht alle Kommunen in Deutschland diese Kompetenz, wie 2007 eine Umfrage aus Nordrhein-Westfalen belegte.[79] In Nordrehein-Westfalen gab es 2007 in 20 von 23 kreisfreien Städten, in 15 von 31 Kreisen und in 91 von 373 kreisangehörigen Städten und Gemeinden Behindertenbeauftragte.[80] Behindertenbeauftragte können entweder haupt- oder ehrenamtlich tätig sein. Sie haben das Recht, Auskunft zu verlangen und Stellungnahmen zu erbitten bis hin zum Vetorecht gegenüber Entscheidungen der Verwaltung. Neben der Ernennung von Behindertenbeauftragten können die Kommunen Behindertenbeiräte berufen, welche vornehmlich die Zusammenarbeit zwischen Behörden und Behindertenverbänden koordinieren und beratend tätig sind.[81] Diese Möglichkeit der kommunalen Selbstverwaltung im Hinblick auf die Verbesserung der Situation von Menschen mit Behinderung wird ebenso noch zu wenig von den Kommunen genutzt. Die Umfrage von 2007 beziffert Behindertenbeiräte oder analoge Gremien in Nordrhein-Westfalen in 10 von 23 kreisfreien Städten, in 5 von 31 Kreisen und in 36 von 373 kreisangehörigen Städten und Gemeinden.[82] Die barrierefreie Konzeption des öffentlichen Raums und öffentlich zugänglicher Gebäude liegt ebenfalls im Gestaltungsbereich der Kommunen, denn:

„Die Barrierefreiheit des öffentlichen Raums baulich zu gewährleisten, ist in erster Linie eine kommunale Angelegenheit."[83]

Wenn auch vorwiegend geprägt durch die Bauordnungen der Länder, können die Kommunen Maßnahmen über die gesetzlichen Regelungen hinaus treffen, um die gleichberechtigte Teilhabe von Menschen mit Behinderungen sicherzustellen. Ein Bespiel dafür ist die Tasache, dass einige Kommunen, darunter auch Berlin, der „Erklärung von Barcelona –

---

[79] Vgl. Grüber (2010), S. 10, 30-31.
[80] Die Beauftragte der Landesregierung Nordrhein-Westfalen für die Belange der Menschen mit Behinderung (2007), S. 3.
[81] Vgl. Grüber (2010), S. 31.
[82] Die Beauftragte der Landesregierung Nordrhein-Westfalen für die Belange der Menschen mit Behinderung (2007), S. 4.
[83] Senatsverwaltung für Stadtentwicklung Berlin (2007), S. 12.

Die Stadt und die Behinderten" beigetreten sind. Die Erklärung von Barcelona hat zum Ziel, die gleichberechtigte Teilhabe behinderter Menschen umzusetzen und damit das Recht auf eine solche Teilhabe zu gewährleisten. Die Kommunen verpflichten sich, die in der Erklärung enthaltenen Zielvereinbarungen, worunter auch der Abbau physischer Barrieren fällt, zu realisieren.[84]

---

[84] Der Regierende Bürgermeister (2002),verfügbar unter: http://www.berlin.de/landespressestelle/archiv/2002/12/03/09744/, abgerufen am 23.11.2010.

6. Auswirkungen des Art. 9 der UN-Behindertenrechtskonvention

6.1 Barrierefreiheit und Design for all

Um den Anspruch der Inklusion aller Menschen und im besonderen Maße von behinderten Menschen zu gewährleisten und

„(...) in der Erkenntnis, dass das Verständnis von Behinderung sich ständig weiterentwickelt und dass Behinderung aus der Wechselwirkung zwischen Menschen mit Beeinträchtigungen und einstellungs- und umweltbedingten Barrieren entsteht, die sie an der vollen, wirksamen und gleichberechtigten Teilhabe an der Gesellschaft hindern (...)" [85]

richtet sich die UN-Behindertenrechtskonvention in erster Linie an den Staat um Partizipationshindernisse zu beseitigen und eine barrierefreie Umwelt zu schaffen. Unter *„Barrieren"* versteht man im Allgemeinen ein Hindernis, das einem oder mehreren Individuen, bis hin zu einer gesamten Gesellschaft verwehrt, ein bestimmtes Ziel zu erreichen. Unter diesem Aspekt werden Barrieren als die eigentlichen Behinderungen gesehen, und sind in physische und nichtphysische Barrieren zu unterteilen. Hierbei wird die Problematik der Definition von Barrieren deutlich. Abhängig von den persönlichen Fähigkeiten eines Menschen und den von der Umwelt gestellten Anforderungen nehmen die Betroffenen aufgrund ihrer Beeinträchtigung eine Vielzahl verschiedener und individueller Barrieren wahr. Historisch betrachtet sind Barrieren auf gesellschaftliches Handeln zurückzuführen und damit ein Produkt aus sozialen und kulturellen Werten und politischen Aktivitäten[86] in denen die Bedürfnisse von Menschen mit Behinderungen sowohl auf physischer als auch auf nichtphysischer Ebene durch jahrzentelange Ausgrenzung nicht berücksichtigt wurden.[87] Der Begriff Barrierefreiheit fand erstmals 1993 mit seiner Aufnahme in die bereits im Punkt 3.1.1 erwähnten „Standard Rules on the Equalization of Opportunities for Persons with Disabilities" öffentliches Gehör. Im Laufe

---

[85] UN-Konvention über die Rechte von Menschen mit Behinderungen, Präambel.
[86] Siehe dazu Abschnitt 4.1.
[87] Vgl. Friebel (2008), S. 19, 20.

folgender Jahre wurde dieser Begriff im Zuge der Entstehung des US-amerikanischen Behindertengesetz durch „*Accessibility*" ersetzt, welcher später ins Deutsche mit „*Zugänglichkeit*" übertragen wurde. Diese Übersetzung steht ähnlich wie die des Begriffes „*Inclusion*", der mit Integration statt mit Inklusion übersetzt wurde, in der Kritik.[88] Es wird beanstandet, dass die Bedeutung von „*Accessibility*" die auch Nutzbarkeit beinhaltet, nicht in vollem Umfang wiedergegeben wird und somit Fehlinterpretationen die Folge sein könnten. Deutschland entgegnete diesem Interpretationsspielraum mit dem am 1. Mai 2002 in Kraft getretenen Gesetz zur Gleichstellung behinderter Menschen. In § 4 des Gesetzes wird mit Barrierefreiheit auch Nutzbarkeit und Zugänglichkeit verstanden[89]:

„*Barrierefrei sind bauliche und sonstige Anlagen, Verkehrsmittel, technische Gebrauchsgegenstände, Systeme der Informationsverarbeitung, akustische und visuelle Informationsquellen und Kommunikationseinrichtungen sowie andere gestaltete Lebensbereiche, wenn sie für behinderte Menschen in der allgemein üblichen Weise, ohne besondere Erschwernis und grundsätzlich ohne fremde Hilfe zugänglich und nutzbar sind.*"[90]

Innerhalb dieses Paragraphen werden verschiedene Tatbestandsmerkmale benannt, die im Folgenden mit dem Beispiel des Zugangs zu öffentlichen Gebäuden erläutert werden sollen. „*Zugänglich und nutzbar*" bedeutet in diesem Zusammenhang, dass Einrichtungen bspw. nicht nur leicht mit dem Rollstuhl erreicht werden sollen, sondern auch nutzbar, bspw. durch die Bereitstellung von Informationen für sinnesbeeinträchtigte Menschen, sein sollen. „*In der allgemein üblichen Weise*" bedeutet dabei, dass behinderte Menschen ein Gebäude wie alle anderen durch den Vordereingang betreten sollen. Sind Menschen mit Behinderungen aufgrund von Stufen etc. gezwungen, den Hintereingang zu nutzen, liegt ein Zugang „*in allgemein üblicher Weise*" nicht vor. Eine „*besondere Erschwernis*" ist immer dann zu beanstanden, wenn der Zugang mit

---

[88] Siehe dazu Abschnitt 3.2.1.
[89] Vgl. Föhl/ Erdrich/ John/ Maaß (Hg.) (2007), S. 28-29.
[90] BGG, § 4.

vorherigen Anmeldungen oder nur mit komplizierten Vorbereitungen möglich ist. Behinderte Menschen sollen „grundsätzlich ohne fremde Hilfe" in der Lage sein, ein Gebäude zu nutzen. Es ist also stets nach der Lösung zu suchen, mit der eine Vielzahl behinderter Menschen ein öffentliches Gebäude selbständig und ohne Hilfe nutzen kann. Der § 4 des BGG ist dabei auf sämtliche gestaltete Lebensbereiche behinderter Menschen anzuwenden. Barrierefreiheit bedeutet damit ein umfassender Zugang und uneingeschränkte Nutzung, ohne Barrierefreiheit dabei als Speziallösung für Menschen mit Behinderungen zu verstehen.[91] Hierarchisch würden die Ziele für eine gleichberechtigte Teilhabe wie folgt aufgestellt werden müssen:

„1. Das wesentliche Ziel ist die Nutzbarkeit aller gestalteten Lebensbereiche durch alle Mitglieder der Gesellschaft.

2. Dieses Ziel setzt die Zugänglichkeit aller gestalteten Lebensbereiche voraus.

3. Ist die Zugänglichkeit nicht gewährleistet, so muss durch den Abbau von Barrieren eine Barrierefreiheit geschaffen werden."[92]

Seit dem Jahr 1996 findet sich ein weiterer Begriff, das „Design for all" in der Literatur wieder. Die nationale Gesetzgebung spielt stets eine zentrale Rolle, wenn es um die Umsetzung von Barrierefreiheit geht, jedoch war es auch notwendig, auf europäischer Ebene eine Strategie zu entwickeln, um eine gleichberechtigte Mobilität und Teilhabe in Europa zu gewährleisten. Die Europäische Kommission beauftragte zu diesem Zweck Experten aus insgesamt 20 Ländern, so dass 1996 das European Concept for Accessibility, im Folgenden ECA genannt, als Ergebnis dieser Arbeit publiziert wurde. Das ECA wurde später im Jahre 2003 (in Deutsch erst 2005) als überarbeitete Auflage erneut veröffentlicht und beschreibt detailliert das Konzept des universellen Designs.[93] Universelles Design bzw. Design for all bedeutet nach diesem Konzept die Gleichstellung von

---

[91] Vgl. Beauftragter der Bundesregierung für die Belange behinderter Menschen (2009), verfügbar unter: http://www.behindertenbeauftragter.de/cln_108/nn_1039898/DE/Barrierefreiheit/WasistBarrierefreiheit/WasistBarrierefreiheit__node.html?__nnn=true, abgerufen am 05.11.2010.
[92] Vgl. Föhl/ Erdrich/ John/ Maaß (Hg.) (2007), S. 29.
[93] Vgl. Friebel (2008), S. 21.

Umwelt, Dienstleistungen und Produkten, um sowohl heutigen als auch künftigen Generationen ungeachtet des Alters, Geschlechts, des kulturellen Hintergrunds oder der individuellen Fähigkeiten eine gleichberechtigte Teilhabe an kulturellen, sozialen, ökonomischen oder freizeitbezogenen Aktivitäten zu ermöglichen.[94] Peter Neuman, Vorsitzender des Institutes Design für alle in Deutschland e.v., kommentiert dies wie folgt:

„So ist mittlerweile bekannt, dass eine barrierefrei zugängliche Umwelt für etwa 10 Prozent der Bevölkerung zwingend erforderlich, für 30 bis 40 Prozent notwendig und für 100 Prozent komfortabel ist und ein Qualitätsmerkmal darstellt." [95]

Er kritisiert damit, dass Barrierefreiheit oft nur im Zusammenhang mit Bevölkerungsgruppen gesehen wird, welche durch Mobilitätseinschränkungen gekennzeichnet sind, und macht deutlich, dass Barrierefreiheit von der gesamten Gesellschaft geschätzt wird. Er kommentiert weiter:

„Die Themen „Barrierefreiheit" und ´Design für Alle´ erfahren auch vor dem Hintergrund des demographischen Wandels eine wachsende Bedeutung. Dieser Wandel wird die Anforderungen an die Gestaltung unserer Umwelt stetig verändern. Das Prinzip des ´Designs für Alle´ ist in diesem Zusammenhang ein entscheidender Schritt zu einer nachhaltigen Zukunftsentwicklung, die die Lebensqualität verbessert und die gestaltete Umwelt nutzerfreundlicher und dadurch lebenswerter für Alle macht." [96]

Das Konzept des *„Design for all"* verlangt damit, alle Nutzer bzw. Verbraucher in jeder Phase des Planungs- und Entstehungsprozesses mit einzubeziehen, so dass keine Sonderplanung für bestimmte Gruppen notwendig ist und somit keine zusätzlichen Kosten entstehen. Dadurch werden neben den Anforderungen der Barrierefreiheit weitere Notwendigkeiten an die Planung gestellt. Zu diesen Anforderungen zählen z.B. die generelle Anpassung an den Maßstab des Menschen, die Beachtung der menschlichen Vielfalt in einer Gesellschaft, die Beachtung

---

[94] Senatsverwaltung für Stadtentwicklung Berlin (2009), S. 5.
[95] ECA (2005), II.
[96] ECA (2005), II.

von älteren Menschen und von Menschen mit Behinderungen.[97] Auch in der UN-Behindertenrechtskonvention wird der Gedanke eines „Design for all" angestrebt:

„(…) Im Sinne dieses Übereinkommens (…) bedeutet ´universelles Design´ein Design von Produkten, Umfeldern, Programmen und Dienstleistungen in der Weise, dass sie von allen Menschen möglichst weitgehend ohne eine Anpassung oder ein spezielles Design genutzt werden können. ´Universelles Design´ schließt Hilfsmittel für bestimmte Gruppen von Menschen mit Behinderungen, soweit sie benötigt werden, nicht aus."[98]

Sie fordert damit die gleichberechtigte Teilhabe aller Menschen an der Gesellschaft und zielt auf die Inklusion aller ab, wodurch gleichsam zusätzliche Anforderungen neben der Barrierefreiheit entstehen, um den Bedürfnissen sämtlicher Menschen Rechnung zu tragen. Dass der Gedanke eines „Design for all" Einzug in die Praxis gehalten hat, wird am Beispiel von Berlin deutlich, das dieses Konzept als ein angestrebtes Ziel formuliert:

„Vor dem Hintergrund der demographischen Veränderungen wird Berlin das Design for all im Sinne der UN-Konvention über die Rechte von Menschen mit Behinderungen hinaus weiter entwickeln."[99]

6.2 Der Artikel 9 „Accessibility"

Die bisher bestehenden gesetzlichen Regelungen und Aktivitäten zur Barrierefreiheit öffentlich zugänglicher Anlagen ergänzt seit 2009 rechtsverbindlich der Artikel 9 der UN-Behindertenrechtskonvention. Nach Artikel 9

„(…) treffen die Vertragsstaaten geeignete Maßnahmen mit dem Ziel, für Menschen mit Behinderungen den gleichberechtigten Zugang zur physischen Umwelt, zu Transportmitteln, Information und Kommunikation,

---

[97] Senatsverwaltung für Stadtentwicklung Berlin (2009), S. 5-6.
[98] UN-Konvention über die Rechte von Menschen mit Behinderungen, Art. 2.
[99] Senatsverwaltung für Stadtentwicklung Berlin (2009), Vorwort.

einschließlich Informations- und Kommunikationstechnologien und -systemen, sowie zu anderen Einrichtungen und Diensten, die der Öffentlichkeit in städtischen und ländlichen Gebieten offenstehen oder für sie bereitgestellt werden, zu gewährleisten". [100]

Nach Absatz 1 Satz 2 schließen diese Maßnahmen die Feststellung und Beseitigung von Zugangshindernissen und Barrieren ein:

„Diese Maßnahmen, welche die Feststellung und Beseitigung von Zugangshindernissen und -barrieren einschließen, gelten unter anderem für a) Gebäude, Straßen, Transportmittel sowie andere Einrichtungen in Gebäuden und im Freien, einschließlich Schulen, Wohnhäusern, medizinischer Einrichtungen und Arbeitsstätten (…)." [101]

In Absatz 2 werden diese Maßnahmen konkretisiert. Die Vertragsstaaten sind demnach verpflichtet:

„(…) a) (…) Mindeststandards und Leitlinien für die Zugänglichkeit von Einrichtungen und Diensten, die der Öffentlichkeit offenstehen oder für sie bereitgestellt werden, auszuarbeiten und zu erlassen und ihre Anwendung zu überwachen (…)." [102]

Der Artikel 9 hebt hervor, die Verwirklichung einer gleichberechtigten Teilhabe wesentlich von einer physisch barrierefreien Umwelt abhängt.[103]

6.3 Handlungsmöglichkeiten zur barrierefreien Gestaltung öffentlich zugänglicher Anlagen am Beispiel von Berlin

Mit Blick auf die gesetzlichen Regelungen auf Landesebene sollen nachfolgend am Beispiel von Berlin positive Gestaltungsmöglichkeiten einer Kommune in Bezug auf die barrierefreie Gestaltung öffentlich zugänglicher Anlagen angeführt werden. In Berlin sind Grundzüge der Barrierefreiheit bereits seit 1980 Bestandteil der politischen Aktivitäten. In der Verantwortung der Senatsverwaltung für Soziales tagten regelmäßig die Arbeitskreise Mobilität und Bauen, welche die ersten Grundzüge einer

---

[100] UN-Konvention über die Rechte von Menschen mit Behinderungen, Art. 9 (1).
[101] Ebd., Art. 9 (1) Satz 2.
[102] Ebd., Art. 9 (2) Satz 1 a).
[103] Vgl. Deutscher Bundestag (2008), S. 51.

barrierefreien Stadtgestaltung erarbeiteten. Mit Senatsbeschluss wurden diese Grundzüge am 15. September 1992 als „Leitlinien zum Ausbau Berlins als behindertengerechte Stadt" verabschiedet.[104] Die Leitlinien enthalten konkrete Vorgaben zur barrierefreien Gestaltung von Kultureinrichtungen, Einrichtungen des Bildungswesens, Sport- und Freizeitstätten, Verwaltungs- und Gerichtsgebäuden sowie Verkaufs-, Gast- und Beherbergungsstätten, Bahnhöfen, Haltestellen und Beförderungsmitteln.[105] 1999 wurde in Berlin das Landesgleichberechtigungsgesetz, im weiteren Verlauf LGBG genannt, verabschiedet. Im Jahre 2002 beschloss der Senat, der „Erklärung von Barcelona – Die Stadt und die Behinderten" beizutreten, womit sich die Stadt verpflichtete, Barrieren zu beseitigen. Barrierefreies Bauen ist bereits seit Erarbeitung der Leitlinien ein erklärtes Ziel Berlins und wurde 2006 mit der novellierten Berliner Bauordnung, der Gaststättenverordnung und der Betriebsverordnung rechtlich verankert. In der Gaststättenverordnung werden bauliche Anforderungen zur Barrierefreiheit gestellt, die als Grundvoraussetzung für eine Betriebserlaubnis dienen:

„Der Hauptzugang zu Schank- und Speisewirtschaften muss barrierefrei und die den Gästen dienenden Räume in Schank- und Speisewirtschaften müssen barrierefrei zugänglich und nutzbar sein." [106]

„Die Toiletten für die Gäste müssen leicht erreichbar, nutzbar und gekennzeichnet sein. Ab einer Schank- und Speiseraumfläche von 50 m² muss wenigstens eine barrierefrei gestaltete Toilette für mobilitätsbehinderte Gäste benutzbar sein. § 5 gilt entsprechend." [107]

Die Berliner Bauordnung hat zum Ziel,

„(...) öffentlich zugängliche bauliche Anlagen wie Einrichtungen der Kultur und des Bildungswesens, Sport- und Freizeitstätten, Einrichtungen des Gesundheitswesens, Verwaltungs- und Gerichtsgebäude, Verkaufs-, Gast- und Beherbergungsstätten, Stellplätze, Garagen und Toiletten-

---

[104] Vgl. Landesbeauftragte für Menschen mit Behinderungen (2010), verfügbar unter: http://www.berlin.de/lb/behi/barrierefrei/dokumente/, abgerufen am 24.11.2010.
[105] Vgl. Senatsverwaltung Bereich Soziales (2010), verfügbar unter: http://www.berlin.de/sen/soziales/behinderung/barrierefreiheit/index.html, abgerufen am 24.11.2010.
[106] GastV, § 3 Abs. 1 Satz 2.
[107] GastV, § 4 Abs. 1.

anlagen (...)" [108]

so zu errichten und instandzuhalten, dass Behinderte und ältere Menschen sowie Personen mit Kleinkindern diese Einrichtungen über den Haupteingang barrierefrei erreichen können und gleichzeitig auch nutzen können.[109] Die gesetzliche Basis für die Anforderungen der Barrierefreiheit an öffentliche Anlagen bildet § 51 „Barrierefreies Bauen" der Berliner Bauordnung, welche die Vorschriften des LGBG berücksichtigt. Vor allem für den Neubau, die Instandsetzung oder Nutzungsänderung öffentlich zugänglicher Anlagen ist die Umsetzung der Barrierefreiheit verpflichtend:

„Bauliche Anlagen, die öffentlich zugänglich sind, müssen so errichtet und instand gehalten werden, dass sie von Menschen mit Behinderungen, alten Menschen und Personen mit Kleinkindern über den Hauptzugang barrierefrei erreicht und ohne fremde Hilfe zweckentsprechend genutzt werden können." [110]

In § 51 Abs. 3 der Berliner Bauordnung werden bauordnungsrechtliche Mindestanforderungen an öffentlich zugängliche Anlagen gestellt, um deren barrierefreie Nutzbarkeit und Erreichbarkeit sicherzustellen[111]:

„(...) (3) ¹Bauliche Anlagen nach Absatz 2 müssen durch einen Hauptzugang mit einer lichten Durchgangsbreite von mindestens 0,90 m stufenlos erreichbar sein. ²Vor Türen muss eine ausreichende Bewegungsfläche vorhanden sein. ³Rampen dürfen nicht mehr als 6 Prozent geneigt sein; sie müssen mindestens 1,20 m breit sein und beidseitig ei-nen festen und griffsicheren Handlauf haben. ⁴Am Anfang und am Ende jeder Rampe ist ein Podest, alle 6 m ein Zwischenpodest anzuordnen. ⁵Die Podeste müssen eine Länge von mindestens 1,50 m haben. (...) ⁸Flure müssen mindestens 1,50 m breit sein. ⁹Bei der Herstellung von Toiletten muss mindestens ein Toilettenraum auch für Menschen mit Behinderungen geeignet und barrierefrei erreichbar und nutzbar sein (...)." [112]

---

[108] Vgl. Senatsverwaltung Bereich Soziales (2010), verfügbar unter: http://www.berlin.de/sen/soziales/behinderung/barrierefreiheit/, abgerufen am 24.11.2010
[109] Ebd., abgerufen am 24.11.2010.
[110] BauOBln, § 51(2).
[111] Vgl. Sentasverwaltung für Stadtentwicklung Berlin (2007), S. 13.
[112] BauO Bln, § 51 Abs. 3.

Zudem wurden die Mindestanforderungen durch die DIN-Normen 18024 Teil 1 (Barrierefreies Bauen von Verkehr- und Außenanlagen) und Teil 2 (Barrierefreiheit von öffentlich zugänglichen Gebäuden und Werkstätten) und 18025 Teil 1 und 2 (Barrierefreiheit von Wohnungen) ergänzt.[113] Die DIN-Norm 18024 ist als technische Baubestimmung eingeführt worden und rechtlich verbindlich.[114] Weitergehend wurde 2007 das Handbuch „Barrierefreies Planen und Bauen in Berlin" entwickelt. Dieses Handbuch wurde von Ingeborg Stude von der Senatsverwaltung für Stadtentwicklung, Koordinierungsstelle „Barrierefreies Bauen", erarbeitet. Es liefert ein Grundlagenkonzept des barrierefreien Bauens, das die Zugänglichkeit und Nutzbarkeit öffentlicher Anlagen sicherstellen soll. Dieses Handbuch geht dabei über die bestehenden gesetzlichen Regelungen hinaus:

„(...) das Handbuch wurde schon weiterentwickelt, als es die gesetzlichen Grundlagen hergaben (...)."[115]

Es zeigt, dass bereits 2007, somit erst kurze Zeit nach der Fertigstellung der UN-Behindertenrechtskonvention, eine barrierefreie Politik in Berlin betrieben wurde, die der Forderung des Artikels 9 der UN-Behindertenrechtsonvention in hohem Maße nachkommt, wie Ingeborg Stude bestätigte:

„ (...) Insofern haben wir eigentlich die UN-Konvention an der Stelle schon umgesetzt. Das muss man einfach so sagen."[116]

Das Handbuch wurde mit dem Rundschreiben „SenStadt VI A Nr. 03 / 2010" rechtlich verbindlich gemacht. Demnach ist für öffentlich zugängliche Gebäude das Handbuch als Planungsgrundlage heranzuziehen. Zudem besteht eine Pflicht zur Erarbeitung eines barrierefreien Gesamtkonzepts. Bei bedeutenden öffentlichen Bauvorhaben sind die jeweils zuständigen Beauftragten[117] für Menschen mit

---

[113] Friebel (2008), S. 32.
[114] Vgl. Sentasverwaltung für Stadtentwicklung Berlin (2007), S. 15.
[115] Interviewtranskript Ingeborg Stude, Kategorie: Barrierefreiheit öffentlich zugänglicher Anlagen, Code: Instrumente.
[116] Interviewtranskript Ingeborg Stude, Kategorie: Barrierefreiheit öffentlich zugänglicher Anlagen, Code: Instrumente
[117] Landes- und Bezirksbeauftragte mit der Aufgabe sicherzustellen, dass die Verpflichtung Berlins für eine gleichberechtigte Teilhabe behinderter Menschen erfüllt wird.

Behinderungen einzubinden.[118] Berlin kommt mit seiner barrierefreien Politik und den Bestimmungen zur barrierefreien Zugänglichkeit und Nutzbarkeit den aus Artikel 9 der UN-Behindertenrechtskonvention resultierenden Forderungen in hohem Maße nach. Artikel 9 der UN-Behindertenrechtskonvention fordert die Konzeption von Maßnahmen zur Feststellung und Beseitigung von Zugangshindernissen und Barrieren. Durch die in der Berliner Bauordnung und in den DIN-Vorschriften enthaltenen Bestimmungen wurden in Berlin geeignete Maßnahmen rechtlich verankert, um Barrieren zu beseitigen. Die Feststellung von Barrieren und die Konzeption geeigneter Maßnahmen erfolgt unter anderem in den Arbeitsgruppen der Berliner Verwaltung, im Hinblick auf die Barrierefreiheit öffentlich zugänglicher Anlagen übernimmt diese Aufgabe die Arbeitsgruppe „Bauen und Verkehr - barrierefrei". In Absatz 2 des Artikelss 9 werden weiter Leitlinien und Mindeststandards für die Zugänglichkeit von öffentlichen Einrichtungen gefordert. Mit den Leitlinien zum Ausbau Berlins als behindertengerechte Stadt wird dieser Verpflichtung entsprochen. Neben den in § 51 Abs. 3 aufgeführten Mindeststandards an die Errichtung öffentlich zugänglicher Anlagen legt auch das bereits oben erwähnte Handbuch ein Planungskonzept mit Mindestanforderungen und baulichen Lösungsmöglichkeiten zugrunde. Das ist im Sinne der UN-Behindertenrechtskonvention durch das Rundschreiben SenStadt VI A Nr. 03/2010 im März dieses Jahres rechtlich verbindlich verankert worden. Durch die darin enthaltene Pflicht, ein barrierefreies Gesamtkonzept zu entwickeln, welches zu prüfen ist, wird auch der Forderung nach Überwachung durchgeführter Maßnahmen nachgekommen.[119]

---

[118] Vgl. Rundschreiben SenStadt VI A Nr. 03 / 2010 (2010), S. 2.
[119] Vgl. UN-Konvention über die Rechte von Menschen mit Behinderungen, Art. 9.

6.3.1 Handlungsfelder einer Kommune – Disability Mainstreaming

Der Begriff „Disability Mainstreaming" ist bereits Ziel der europäischen Behindertenpolitik[120] und hat, wie am Beispiel von Berlin ersichtlich ist, Einzug in die Praxis gehalten. Nach dem Konzept des „Diasability Mainstreaming" müssen die Anliegen behinderter Menschen in sämtlichen Politikbereichen beachtet werden und die Behindertenperspektive bei der Festlegung von Maßnahmen in allen einschlägigen Bereichen regelmäßig einbezogen werden.[121] In der UN-Behindertenrechtskonvention wird erneut explizit auf das Konzept des „Disability Mainstreaming" Bezug genommen:

„(...) Emphasizing the importance of mainstreaming disability issues as an integral part of relevant strategies of sustainable development"[122]

In der Deutschen Fassung wird die Passage wie folgt übersetzt:

„(...) nachdrücklich darauf hinweisend, wie wichtig es ist, die Behinderungsthematik zu einem festen Bestandteil der einschlägigen Strategien der nachhaltigen Entwicklung zu machen"[123]

„Disability Mainstreaming" legt Behindertenpolitik als Querschnittsaufgabe fest, die in jedem Bereich verankert werden soll. Die Belange von Menschen mit Behinderungen sollen von Anfang an berücksichtigt werden. Die UN-Behindertenrechtskonvention verleiht diesem Gedanken erneut einen Impuls, so dass dieser in den Koalitionsvertrag zwischen CDU, CSU und FDP von 2009 aufgenommen wurde:

„Politische Entscheidungen, die Menschen mit Behinderungen direkt oder indirekt betreffen, müssen sich an den Inhalten der UN-Konvention über die Rechte der Menschen mit Behinderungen messen lassen."[124]

Auf kommunales Handeln bezogen ist es demnach notwendig, jedwede

---

[120] Siehe dazu Abschnitt 6.1, S. 40.
[121] Vgl. Bundesministerium für Arbeit, Soziales und Konsumentenschutz (2010), verfügbar unter: http://www.bmsk.gv.at/cms/site/liste.html?channel=CH0112, abgrufen am 25.11.2010.
[122] UN-Konvention über die Rechte von Menschen mit Behinderungen, Präambel (g).
[123] UN-Konvention über die Rechte von Menschen mit Behinderungen, deutsche Fassung, Präambel (g).
[124] Koalitionsvertrag (2009), S. 83.

Entscheidung der Verwaltung auf die Belange behinderter Menschen zu prüfen und deren Auswirkungen auf behinderte Menschen darzustellen. In Bezug auf die Barrierefreiheit öffentlich zugänglicher Anlagen bedeutet „Disability Mainstreaming", dass die Perspektiven von Menschen mit Behinderungen von der ersten bis zur letzten Phase des Planungsprozesses berücksichtigt werden. Für die Kommune käme dabei ein Kostenvorteil zum Tragen, denn die barrierefreie Gestaltung einer Anlage im Nachhinein ist wesentlich kostenintensiver und mit einem erheblichen Mehraufwand verbunden. Die UN-Behindertenrechtskonvention wirkt mit dem Konzept des „Disability Mainstreaming" daraufhin, die Gleichstellung von Menschen mit Behinderungen durch Partizipation an Planungs- und Entscheidungsprozessen herbeizuführen. Damit „Disability Mainstreaming" in einer Kommune umgesetzt werden kann, muss diese zunächst einmal eine Basis schaffen, d.h. die Belange von Menschen mit Behinderungen müssen sichtbar gemacht und den Belangen von Menschen ohne Behinderungen gleichgesetzt werden. Dazu ist es notwendig, in allen Bereichen sogenannte Arbeitsgruppen zu bilden, welche die Situation von Menschen mit Behinderungen analysieren, um bei zukünftigen Maßnahmen Aussagen treffen zu können, inwieweit diese Auswirkungen auf die Situation von Menschen mit Behinderung haben können. „Disability Mainstreaming" erfordert von der Kommune ein zweigleisiges Handeln. Zum einen muss die Gleichstellung von Menschen mit Behinderung Aufgabe aller Abteilungen sein, die diesen Gedanken bei jeder Fragestellung berücksichtigen. Zum anderen sollte eine Arbeitsgruppe ständig existieren, um diesen Prozess zu erhalten. Um die Auswirkungen von Maßnahmen auf die Situation von Menschen mit Behinderungen erkennen zu können, liegt es zudem in der Verantwortung der Kommune, Menschen mit Behinderungen, ihre gesetzlichen Vertreter und Organisationen in einen offenen Dialog einzubeziehen.[125] In Berlin wurde, anlehnend an das Konzept des „Disability Mainstreaming" bereits 2001 die Arbeitsgruppe „Bauen und Verkehr- barrierefrei" gebildet, deren Erfolge in Bezug auf die barrierefreie Gestaltung öffentlich zugänglicher Anlagen auf den offenen Diskurs mit Behinderten und mit deren Vertretern

---

[125] Vgl. Grüber (2010), S. 33-37.

zurückzuführen ist, wie Ingeborg Stude, Leiterin der Arbeitsgruppe, anführte:

„ (...) richtig, Struktur, wie es sich heute etabliert, hat es ungefähr 2000 bzw. 2001 angenommen. Da wurde hier die Koordinierungsstelle Barrierefreies Bauen in der Senatsverwaltung für Stadtentwicklung gegründet und das ging auch mit der Gründung der Arbeitsgemeinschaft „Bauen und Verkehr - barrierefrei" einher, die monatlich hier im Haus tagt (...) und an der die Vertreter der „Behindertenlobby teilnehmen. (...) Die Verbände und zum Teil auch interessierte Einzelpersonen. Wir haben in Berlin ja eine sehr, sehr kämpferische Lobby (...) die zum Teil auch sehr unbequem war, aber das hat wirklich dann dazu geführt, dass sie uns auch sehr nach vorne mitbegleitet haben und in Berlin dadurch auch recht frühzeitig im Vergleich zu vielen anderen Städten eine Politik der Barrierefreiheit betrieben wurde, was auch wirklich von Seiten unseres Hauses sehr mitgetragen wurde, vor allen Dingen in den letzten Jahren, das muss man auch besonders betonen." [126]

6.3.2 Die Bestandsaufnahme - Ein erster Schritt

Der Artikel 9 der UN-Behindertenrechtskonvention verpflichtet zur Feststellung von Barrieren als Basis für die Konzeption von Maßnahmen zur Beseitigung dieser. Im Sinne des Artikels 9 ist es notwendig eine Bestandsaufnahme durchzuführen um festzustellen inwieweit eine Umsetzung der UN-Behindertenrechtskonvention bereits erfolgt ist, welche Erfolge derzeit aufgewiesen werden können und in welchen Bereichen keine oder nur teilweise Maßnahmen ergriffen wurden, um die gleichberechtigte Teilhabe und damit die Inklusion aller zu gewährleisten. Eine Bestandsaufnahme muss dabei sehr umfangreich erfolgen und sämtliche in der UN-Behindertenrechtskonvention aufgeführten Lebensbereiche beinhalten. Ziel der Bestandsaufnahme ist es, auf Landesebene festzustellen, welche Gesetze und Regelungen im Sinne der Umsetzung der UN-Behindertenrechtskonvention geändert werden müssen. Auf kommunaler Ebene bildet eine Bestandsaufnahme die Basis für die

---

[126] Interviewtranskript Ingeborg Stude, Z. 24-43, Kategorie: Barrierefreiheit öffentlich zugänglicher Anlagen, Code: Instrumente.

Planung geeigneter Maßnahmen zur Beseitigung von Barrieren. In Berlin wurde zu diesem Zweck eine ressortübergreifende Facharbeitsgruppe unter Federführung der Senatsverwaltung für Integration, Arbeit und Soziales gegründet:

„(...) wir haben eine, wie man so sagt, eine ressortübergreifende Arbeitsgruppe ins Leben gerufen, das heißt, alle Senatsverwaltungen hier zu uns eingeladen und wir haben in diese ressortübergreifenden Arbeitsgruppe den Landesbeauftragten für Menschen mit Behinderungen eingeladen."[127]

In diese Arbeisgruppe wurden verschiedene Parteien eingeladen, um vor dem Hintergrund der UN-Behindertenrechtskonvention eine erste Bestandsaufnahme durchzuführen:

„(...) Und da haben wir also zusammen, ich glaube das waren fünf Sitzungen oder sechs Sitzungen, ich kann es gar nicht genau sagen, bis März dieses Jahres schon versucht, alle Lebensbereiche mal durchzugehen, wo könnte vor dem Hintergrund der UN-Behindertenrechtskonvention sich Änderungsbedarf ergeben, wo läuft aktuell schon etwas, wo wollen wir gegebenenfalls schon hin? Das haben wir dann auch in einer riesengroßen Tabelle zusammengefasst, (...) und wollten das sozusagen als Grundlage für den Bericht an das Abgeordnetenhaus nehmen."[128]

Die ressortübergreifende Facharbeitsgruppe stellte fest, dass Berlin vor allem in Bezug auf barrierefreie öffentlich zugängliche Anlagen weitreichende positive Entwicklungen für eine gleichberechtigte Teilhabe von Menschen mit Behinderungen am gesellschaftlichen Leben vorzuweisen hat. Sie macht aber auch deutlich, dass es bereits beim Vollzug bestehender Regelungen Umsetzungsdefizite gibt. So waren bspw. 2007 erst 41 % der U-Bahnhöfe in Berlin barrierefrei. Weiter waren 2007 von insgesamt 1.567 kulturellen Einrichtungen und Veranstaltungs-

---

[127] Interviewtranskript Volkhard Schwarz, Kategorie: Einflüsse der UN_ Behindertenrechtskonvention, Code: Auswirkungen.
[128] Interviewtranskript Volkhard Schwarz, Kategorie: Einflüsse der UN-Behindertenrechtskonvention, Code: Auswirkungen.

orten erst 693 teilweise und 165 vollständig barrierefrei.[129] Nach Dr. Volker Sieger[130] resultieren die Umsetzungsdefizite zum einen aus der Beschränkung der Herstellung von Barrierefreiheit auf Neu- und Umbauten, aus vereinfachten Baugenehmigungsverfahren sowie aus den personellen Kapazitäten der Bauaufsichtsbehörden. Er konstatiert aufgrund dieser Tatbestandsmerkmale eine mangelnde Überwachung der Einhaltung bestehender bauordnungsrechtlicher Regelungen.[131] Volkhard Schwarz führt neben den von Sieger genannten Gründen die begrenzten finanziellen Möglichkeiten der Verwaltung an:

„(...) wenn Sie jetzt von vornherein bei Ihren Überlegungen und so ist es hier in Berlin, einer gewissen Kostenneutralität ausgehen müssen, dann haben Sie ein Stück weit von finanzieller Seite auch Grenzen (...)."[132]

Anhand der Bestandsaufnahmen wurde festgestellt, dass es für eine zielgerichtete Umsetzung der UN-Behindertenrechtskonvention notwendig ist, einen Aktions-/Maßnahmenplan zu etablieren. Dieser soll in Verantwortung der ressortübergreifenden Arbeitsgruppe konzipiert werden und als Intrument zur Herstellung einer hohen Verbindlichkeit für die Umsetzung der UN-Behindertenrechtskonvention dienen. Zudem wird der Aktions-/ Maßnahmeplan die Voraussetzung für die Verabschiedung eines Artikelgesetzes[133] schaffen.[134] Die Bedeutung des Artikesl 9 der UN-Behindertenrechtskonvention liegt auf kommunaler Ebene zunächst darin, Umsetzungsdefizite mittels einer Bestandsaufnahme aufzuzeigen und auf dieser Grundlage mit Hilfe eines langfristig angelegten Planungsprozesses unter Berücksichtigung des „Disability Mainstreaming" diese künftig zu vermeiden. Nach Lutz Quack[135] erfolgt eine Bestandsaufnahme in drei Schritten. Beginnend mit der Begehung kommunaler Einrichtungen,

---

[129] Vgl. Senatsverwaltung für Integration, Arbeit und Soziales, Referat I B (Hrsg) (2007), S. 9, 25.
[130] Vgl. Volker Sieger ist Leiter des „Instituts für barrierefreie Gestaltung und Mobilität" in Mainz.
[131] Vgl. Sieger (2009), S. 2-3.
[132] Interviewtranskript Volkhard Schwarz, Kategorie: Einflüsse der UN- Behindertenrechtskonvention, Code: Handlungsbedarf.
[133] Als Artikelgesetz bezeichnet man ein Gesetz, das gleichzeitig mehrere Gesetze, bisweilen auch unterschiedlicher Zielrichtung, ändert (Deutscher Bundestag, 2010).
[134] Vgl. Senatsverwaltung für Integration, Arbeit und Soziales (2010), S.1-6.
[135] Lutz Quack, kommunaler Behindertenbeauftragter des Landkreises Merzig-Wadern im Saarland.

werden die Gegebenheiten örtlich erfasst und dokumentiert. Abschließend erfolgt eine Bewertung der Ergebnisse. Vor der Begehung öffentlicher Gebäude ist eine Checkliste zu erstellen. Die Checkliste sollte alle Bereiche beinhalten, welche die Zugänglichkeit und Nutzbarkeit öffentlicher Anlagen gewährleisten. Diese Bereiche lassen sich in einen Außenbereich mit Behindertenparkplätzen und einen Innenbereich mit einem Informationsbereich, ein Leit- und Notrufsystem, Rampen, Treppen, Flure, Aufzüge, Büro- und Versammlungsräume, Toiletten sowie Dusch- und Umkleideräumen unterteilen. Die Anforderungskriterien an diese Bereiche richten sich sowohl nach den entsprechenden Vorgaben der Landesbauordnung, als auch nach den jeweils geltenden DIN-Normen.[136] Nach Beendigung der Begehung und Dokumentation der Situation, kann eine Bewertung erfolgen. Auf der nachstehenden Abbildung, die einer Bestandsaufnahme öffentlich zugänglicher Gebäude des Landkreises Merzig-Wadern entspricht, werden öffentlich zugängliche Gebäude nach den Kriterien des oben genannten Außen- und Innenbereichs untersucht:

Abb. 3: Dokumentation einer Bestandsaufnahme

Einrichtungen des Landkreises Merzig-Wadern Barrierefrei nach DIN 18024-2	Kreisverwaltungsgebäude	Gesundheitsamt Merzig.-W.	Amt für soz. Angelegenh. MZG	Amt für soz. Angelegenh. Wad.	ASA/Kreissen.Büro/Pflegestpkt.	Arge Merzig	Arge Wadern	Schulpsycholog. Dienst	Ges. f. Infrastruktur u. Beschftg	Jugendbüro Wadern	Jugendbüro Losheim	Jugendbüro Beckingen-Hausta	Seniorenbüro Losheim	Seniorenbüro Beckingen	Seniorenbüro Mettlach	Kreis.Sen.Büro/Pfl.Stützpunkt	Villa Fuchs, Merzig	Volkshochschule, Merzig	Musikschule, Merzig	Musem Schloß Fellenberg, Mer	Römische Villa Borg	Burg Montclair, Mettlach
Gesamtwertung:	+	o	+	-	+	+	+	-	o	-	-	-	-	+	+	-	-	-	o	+	o
Außenbereich	+	+	+	o	+	+	o	+	+	-	-	-	-	+	+	-	-	-	+	+	-
Hausnummer	-	-	+	+	+	-	+	o	+	-	-	-	-	+	o	+	o	-	-	+	-
Kennzeichnung der Einrichtu	+	+	+	+	+	-	+	-	+	-	o	-	o	+	+	o	+	+	+	+	+
stufen-/schwellenfreier Zugan	+	+	+	+	-	+	-	+	-	-	-	-	-	+	-	-	o	o	o	+	+
barr.freie Sprechanlage	+	-	-	-	+	-	-	-	-	-	-	-	-	+	-	-	-	-	-	-	+
barr.freie Klingel	+	-	-	-	+	-	-	-	-	-	-	-	-	+	-	-	-	-	-	-	+
barr.freier Briefkasten	+	-	+	+	o	-	-	o	+	-	-	-	-	+	o	-	-	-	-	+	-
überdachter Eingang	+	+	-	+	+	+	-	+	+	-	-	-	-	+	+	-	-	-	+	-	-
Behindertenparkplatz	+	-	o	-	+	+	o	-	+	-	-	o	-	+	+	o	-	-	+	+	-
Innenbereich	+	-	+	-	+	+	o	o	o	-	-	-	-	+	+	-	-	-	+	+	o/+
Einrichtg. Bar.frei erreichbar	+	o	+	-	+	+	-	+	-	-	-	-	-	+	+	-	-	-	o	+	o
Foyer/Halle bar.frei erreichba	+	+	+	-	+	o	-	-	-	-	-	-	-	+	+	-	-	-	+	+	+
Übersichtlichkeit	+	-	+	-	o	+	-	o	-	-	-	-	-	+	+	-	-	-	+	+	o

(Quelle: Übernommene Darstellung nach Quack (2010))[137]

---

[136] Vgl. Quack (2010), Folie 15-22.
[137] Darstellung verfügbar unter: www.uni-siegen.de/zpe/projekte/aktuelle/.../praesentation _l_quack.pdf, Foiie 24, abgerufen am 10.12.2010.

Die Ergebnisse der Bestandsaufnahme wurden mit einem „+" als überwiegend oder weitgehend barrierefrei, mit einem „-" als teilweise oder eingeschränkt barrierefrei und mit einer „0" als nicht oder überwiegend nicht barrierefrei markiert.[138] Anschließend wurden die Ergebnisse in einer Gesamtwertung zusammengefasst. Nach Quack ist weiterführend ein zweigleisiges Vorgehen erforderlich, um bestehende sowie zukünftige Umsetzungsdefizite zu vermeiden. Zum einen ist innerhalb der zuständigen Bauverwaltung die Bildung einer Arbeitsgruppe zur Planung und Begleitung von Konzepten und Maßnahmen notwendig. Zum anderen weist er der Zusammenarbeit mit Behindertenverbänden und den kommunalen Behindertenbeauftragten bei der Planung von Maßnahmen eine enorme Bedeutung zu.[139]

6.3.3 Die Notwendigkeit eines Zugänglichkeitsplans

Die UN-Behindertenrechtskonvention verpflichtet die Vertragsstaaten, geeignete, wirksame und zielgerichtete Maßnahmen zu ergreifen, einzuhalten und umzusetzen, um die in ihr enthaltenen Rechte sicherzustellen. Zwar wird in der UN-Behindertenrechtskonvention nicht explizit von einem Aktionsplan gesprochen, dennoch werden Konzepte, Programme und andere Mittel von allen Vertragsstaaten auf allen Ebenen gefordert.[140] Sowohl Bund, Länder als auch Kommunen sind verpflichtet, die Umsetzung der UN-Behindertenrechtskonvention durch eine planmäßige und zielgerichtete Politik zu gewährleisten. Um dieser Forderung nachzukommen, hat sich Deutschland für die Entwicklung eines Aktionsplans zur Umsetzung der UN-Behindertenrechtskonvention ausgesprochen. Das Vorhaben wurde 2009 in den Koalitionsvertrag aufgenommen. Neben Maßnahmen und Strategien zur Umsetzung soll dieser weiterführend den Rahmen für die Aktionspläne der Bundesländer bilden, die wie Berlin gleichermaßen einen Aktionsplan entwickeln.[141] Als Aktionsplan definiert sich ein strategisch ausgerichtetes Handlungsprogramm eines Verantwortungsträgers wie Bund oder Länder. Inhaltlich

---

[138] Vgl. Quack (2010), Folie 23.
[139] Vgl. Quack (2010), Folie 36.
[140] Siehe Art. 4, 8, und 26 der UN-Behindertenrechtskonvention.
[141] Es gibt bereits fertige Aktionspläne, wie etwa in Rheinland-Pfalz.

werden bestehende Probleme dargestellt, die durch konkrete Zielvorgaben und Maßnahmen behoben werden sollen. Zudem wird in einem Aktionsplan die Ausführung, Evaluation und Fortentwicklung der Maßnahmen geregelt. Er stellt das Ergebnis eines Arbeitsprozesses dar, der durch eine hohe Partizipation aller Betroffenen gekennzeichnet und für die Bevölkerung transparent ist.[142] Vor allem auf kommunaler Ebene empfiehlt sich die Erstellung eines Aktionsplanes. Jede Kommune weist in Bezug auf ihre bisher betriebene Behindertenpolitik eine individuelle Situation auf. Während manche Kommunen bereits seit Jahren eine ausgeprägte Behindertenpoltik, gekennzeichnet durch Partizipation und Transparenz, verfolgen, weisen einige Kommunen einen sehr viel höheren Handlungsbedarf auf, um die heute geforderten Rechte aus der UN-Behindertenrechtskonvention umzusetzen. An der jeweiligen Situation gemessen, werden entsprechend individuelle Maßnahmen entwickelt, welche nicht adoptiv auf jede Kommune anwendbar sind. Diese Problemstellung wurde in Berlin erkannt, und so auch die Bezirke, wie z.B. der Bezirk Tempelhof-Schöneberg, aufgefordert, eigene Aktionspläne zu entwickeln:

„Das Bezirksamt wird ersucht, einen bezirklichen Aktionsplan zur Umsetzung der UN-Konvention (...) aufzustellen und aufzuzeigen, wie eine schrittweise Umsetzung erfolgen kann. Dabei sind Menschen mit Behinderungen, insbesondere auch der Beirat für Menschen mit Behinderungen sowie die betreffenden Verbände und Vereine zu beteiligen. Die kommunalen Handlungsfelder zur Umsetzung der UN-Konvention sind zusammen mit den Betroffenen festzulegen." [143]

Um die Anforderungen in Bezug auf die barrierefreie Gestaltung öffentlich zugänglicher Anlagen nach den Maßstäben des Artikelss 9 und des „Disability Mainstreaming" zu erfüllen, eignet sich auf kommunaler Ebene die Methode des Aktionsplans in Form eines Zugänglichkeitsplans. Ausgehend von den Zielen und finanziellen Möglichkeiten einer

---

[142] Vgl. Deutsches Institut für Menschenrechte (2010), S. 1-2.
[143] BVV-Fraktion Tempelhof-Schöneberg (2010), verfügbar unter http://www.spd-fraktion-tempelhofschoeneberg.de/index.php?mod=content&page_id=1738, abgerufen am. 04.12.2010.

Kommune, enthält er Anforderungsprofile der Bewohner und Nutzer konkreter Einrichtungen und terminiert Maßnahmen, um diesen zu entsprechen.

Einem kommunalen Zugänglichkeitsplan liegen folgene Prinzipien zu Grunde:

- *„Die Lebensqualität aller Teile der Bevölkerung.*
- *Die Selbstbestimmung aller Bürger, unabhängig von ihrem Alter, kulturellem Hintergrund oder physischen, psychologischen oder sensorischen Fähigkeiten.*
- *Zugänglichkeit als Grundelement aller neuen Projekte, nicht allein als zusätzliche Maßnahme in bereits bestehenden Gebäuden.*
- *Bürgerbeteiligung in der Stadtgestaltung.*
- *Bürgerinformation vor und während der Baumaßnahmen.*
- *Eine vernünftige Beziehung zwischen: Mensch / Umwelt, Ästhetik / Funktionalität, Verkehrsmitteln / Fußgängern, Verschiedenartigkeit / Chancengleichheit und Verbrauch / Nachhaltigkeit."* [144]

Ein Zugänglichkeitsplan ist kontinuierlich fortzuschreiben und ermöglicht es der Kommune durch die Überarbeitung der Inhalte und entsprechender Evaluation, die Fortschritte zu überwachen.[145] Um öffentlich zugängliche Anlagen barrierefrei zu gestalten, sind verschiedene bauliche Anforderungen nach den Vorgaben der Landesbauordnungen und DIN-Normen zu erfüllen. Dabei muss den verschiedenen Bedürfnissen von Menschen mit Behinderung Rechnung getragen werden und ein Auslgleich verschiedener Interessen angestrebt werden. Je nach Art der Einschränkung resultieren daraus unterschiedliche Bedürfnisse. Werden z.B. Bordsteine abgesenkt, ist der Gehweg für einen Rollstuhlnutzer barrierefrei. Ein Blinder kann jedoch unter Umständen dadurch nicht mehr erkennen, wo der Gehweg aufhört und eine Straße anfängt. Eine Gefahrensituation entsteht. Anhand dieses Beispiels wird deutlich, dass verschiedene Bedürfnisse nur mit Hilfe von Maßnahmen berücksichtigt

---

[144] Europa kommunal (2006), S. 213.
[145] Vgl. Europa kommunal (2006), S. 206.

werden können, die nicht gleichermaßen andere Bedürfnisse ausschließen. Hier kommt erneut der Gedanke des universellen Designs bzw. des Design for All [146] zum Tragen, welcher durch die Einbindung aller Stakeholder – Architekten, Ingenieure, älterer Menschen, junger Menschen, Menschen mit Behinderungen und ihrer gesetzlichen Vertreter – umgesetzt werden soll. [147]

6.4 Kommunales Engagement am Beispiel von Berlin

Unabhängig von dem durch den Gesetzgeber ausgestalteten Handlungsrahmen einer Kommune kann durch ein hohes Maß an Engagement dazu beigetragen werden, die Barrierefreiheit öffentlich zugänglicher Anlagen ohne rechtlich verbindliche Mittel zu erhöhen. In Berlin wurde zu diesem Zweck die Aktion „Berlin barrierefrei" ins Leben gerufen. Es handelt sich um eine dauerhafte Aktion, die den Prozess der Barrierefreiheit mit Hilfe eines Symbols/Signets dokumentiert und sichtbar macht. Das Signet entstand in Zusammenarbeit mit Vertreterinnen und Vertretern aus Wirtschaft, Kultur, Tourismus,

Abb. 4: Signet Berlin-barrierefrei

(Quelle: Übernommene Darstellung, Landesbeauftragter für Menschen mit Behinderungen Berlin)

Handel und Wissenschaft, Verwaltungen, Menschen mit Behinderung und ihren Organisationen. Ist dieses Schild an öffentlichen Toiletten, U-Bahneingängen oder Schaufenstern sichtbar, so signalisiert es, dass die jeweilige Einrichtung für Menschen mit den unterschiedlichsten Bedürfnissen nutzbar ist und im Bedarfsfall unterstützende Dienstleistungen bereitstehen. Zusätzlich bietet das Signet eine

---

[146] Vgl. auch Abschnitt 6.1.
[147] Vgl. Grüber (2010), S. 39-42.

Werbemöglichkeit für Geschäftsleute, die mit ihren barrierefreien Räumlichkeiten ihren Kundenkreis erweitern können. Die Vergabe eines Signets ist an die Erfüllung eines Vergabekriterienkatalogs gebunden. Maßstab ist dabei die Nutzbarkeit für alle Menschen. Seit 2004 wurden 660 Institutionen mit dem Signet ausgezeichnet.[148] Am 7. Juli 2010 wurden die Kriterien erweitert, um auch auf diesem Weg für eine Umsetzung des Artikelss 9 der UN-Behindertenrechtskonvention zu sorgen. So sind bspw. seit Juli 2010 auch die Empfehlungen des Handbuchs „Barrierefreies Planen und Bauen in Berlin" in den Kriterienkatalog aufgenommen worden.[149] Nach der Erhöhung der Kriterien im Juli 2010 konnte bislang keine weitere Vergabe erfolgen wie Dr. Jürgen Schneider, Landesbeauftragter für Menschen mit Behinderungen Berlin, bemerkte:

„Wir sind eher dabei zu suchen und eine Einrichtung zu finden, wo wir das exemplarisch machen können, weil wir die Trauben etwas höher gehängt haben." [150]

Auf kommunaler Ebene spielen Organisationen der Behindertenhilfe, kommunale Behindertenbeauftragte oder Behindertenbeiräte eine besondere Rolle. Durch kooperative und ständige Zusammenarbeit mit kommunalen Behörden kann für ein höheres Bewusstsein und auch für die Einbindung privater Träger gesorgt werden, um die Barrierefreiheit einer Kommune zu erhöhen. Am Beispiel von Berlin wird der Mehrwert einer solchen Zusammenarbeit deutlich. Aktionen wie „Berlin-barrierefrei" bilden weitere Instrumente auf kommunaler Ebene, um der Verpflichtung der UN-Behindertenrechtskonvention nachzukommen.

---

[148] Mobidat (2010), verfügbar unter: http://www.mobidat.net/ueber-uns/das-signet/, abgerufen am 05.12.201.
[149] Vgl. Landesbeauftragte für Menschen mit Behinderungen (2010), verfügbar unter http://www.berlin.de/lb/behi/barrierefrei/signets/index.html, abgerufen am 05.12.2010.
[150] Interviewtranskript Dr. Jürgen Schneider, Kategorie: Einflüsse der UN-Behindertenrechtskonvention, Code: Auswirkungen.

7. Die Bedeutung der UN-Behindertenrechtskonvention

7.1 Die generelle Bedeutung für Deutschland

Mit der UN-Behindertenrechtskonvention wurden die Belange von Menschen mit Behinderungen zum ersten Mal konsequent aus einer Menschenrechtsperspektive betrachtet. In vielen Staaten werden Behinderungen noch zumeist als Defzite beschrieben, wodurch eine glechberechtigte Teilhabe am gesellschaftlichen Leben verwehrt bleibt. Das medizinische Modell und damit der Fürsorgeaspekt stehen im Vordergrund. Die UN-Behindertenrechtskonvention fordert die Abkehr von einer solchen Behindertenpolitik. Sie legt ein neues Verständnis zugrunde, wonach Menschen nicht behindert sind, sondern behindert werden und Behinderung aus einer Wechselwirkung zwischen beeinträchtigten Menschen und umweltbedingten Barrieren entsteht.[151] Nach diesem Paradigma geht es nicht mehr um Fürsorge, sondern um eine gleichberechtigte Teilhabe am gesellschaftlichen Leben. Mit den im Abschnitt 5.1 erläuterten gesetzlichen Regelungen wie der Ergänzung des Grundgesetzes, die Einführung des SGB IX und der Verabschiedung des Behindertengleichstellungsgesetzes wurde der Pardigmenwechsel in Deutschland bereits eingeleitet. Mit der Ratifizierung der UN-Behinderterechtskonvention und der damit einhergehenden Transformation in innerstaatliches Recht besteht nun eine völkerrechtliche Verpflichtung, den begonnenen Paradigmenwechsel konsequent weiterzuführen. Um die Vorgaben der UN-Behindertenrechtskonvention umzusetzen, hat sich Deutschland nach Artikel 4 verpflichtet:

- *„Menschenrechte von Menschen mit Behinderungen sicherzustellen;*
- *Benachteiligungen von Menschen mit Behinderungen zu verhindern und*
- *geeignete Gesetzgebungs-, Verwaltungs- und sonstige Maß-*

---

[151] Vgl. Aichele (2010), S. 1-4

nahmen zu treffen." [152]

Stellen in Deutschland folgerichtig bestehende Gesetze nach der UN-Behindertenrechtskonvention eine Diskriminierung von Menschen mit Behinderungen dar, so sind diese zu ändern oder aufzuheben.[153] Zugleich stärkt die UN-Behindertenrechtskonvention das Empowerment und die Partizipation von Menschen mit Behinderungen. Nach Artikel 4 Abs. 3, Artikel 33 Abs. 3 und Artikel 34 Abs. 3 hat sich Deutschland verpflichtet, Menschen mit Behinderungen und ihre Organisationen in den Umsetzungsprozess einzubeziehen. Weiter besteht mit der Ratifizierung eine Überwachungspflicht. Die Vertragsstaaten, so auch Deutschland, müssen nach Artikel 33 Abs. 2 eine Struktur oder Organisation schaffen, die die Einhaltung, Förderung und Umsetzung der UN-Behindertenrechtskonvention überwacht. Deutschland beauftragte mit dieser Aufgabe das Deutsche Institut für Menschenrechte, das daraufhin seit 2008 als Monitoring-Stelle fungiert. Die UN-Behindertenrechtskonvention bildet in Deutschland eine neue Grundlage, um eine menschenrechtsgestütze Behindertenpolitik zu betreiben. Alle aus ihr resultierenden verbindlichen Vorgaben müssen in sämtlichen Prozessen, politischer und sonstiger Art, berücksichtigt werden. [154]

7.2 Die Konsequenz für die kommunale Politik im Hinblick auf die barrierefreie Gestaltung öffentlich zugänglicher Anlagen

Mit der Ratifizierung der UN-Behindertenrechtskonvention ergeben sich nicht nur Verpflichtungen auf Bundes- und Landesebene, sondern vor allem auch Konsequenzen dort, wo gesellschaftliches Leben stattfindet, in den Städten und Gemeinden. Die Konsequenz für die kommunale Politik und Verwaltung liegt hauptsächlich im Aufbau neuer Strukturen sowie der Veränderung bisherigen Verwaltungshandelns. Als wesentlich zu beachten gilt hier die Konsequenz hinsichtlich der Rechtsverbindlichkeit

---

[152] Vgl. Die Beauftragte der Bundesregierung für die Belange behinderter Menschen (Hrsg.) (2009), S. 11
[153] Ebd.
[154] Vgl. Aichele (2010), S. 4.

der UN-Behindertenrechtskonvention. Durch die Transformation in innerstaatliches Recht sind die kommunale Politik und Verwaltung verpflichtet, jede Entscheidung vor dem Hintergrund der UN-Behindertenrechtskonvention zu prüfen, um sicherzustellen, dass diese den aus ihr resultierenden Rechten nicht entgegenstehen. Folgerichtig haben die kommunale Politik und Verwaltung dafür Sorge zu tragen, dass öffentlich zugängliche Anlagen barrierefrei und damit zugänglich und nutzbar für alle sind. Die erforderlichen Maßnahmen müssen dabei den Gedanken einer inklusiven Gesellschaft tragen, indem Individualität und Vielfalt wertgeschätzt werden. Die Verantwortung schließt nicht nur zukünftige Entscheidungen ein, sondern auch die Feststellung und Beseitigung bereits bestehender Barrieren. Hinsichtlich der Schaffung neuer Strukturen verweist die UN-Behindertenrechtskonvention auf das Konzept des Disability Mainstreaming. Behindertenpolitik muss als Querschnittsaufgabe in der kommunalen Politik und Verwaltung verankert werden, um sicherzustellen dass künftige Planungs- und Entscheidungsprozesse durch Partizipation von Menschen mit Behinderungen, ihren Vertretern, aber auch älteren Menschen gekennzeichnet sind. Um die neuen Anforderungen umzusetzen, sind die kommunale Politik und Verwaltung vor eine weitere Herrausforderung gestellt, die als Konsequenz gewertet werden kann. Der im Kapitel 6 erläuterte aus der UN-Behindertenrechtskonvention resultierende Handlungsbedarf ist mit einer höheren Bereitstellung von Ressourcen verbunden. Die Feststellung von Barrieren, die Planung von Maßnahmen zu deren Beseitigung und eine enge Kooperation mit den Stakeholdern erfordern höhere personelle Kapazitäten, wie auch Ingeborg Stude konstatierte:

„Es bündelt sich so schwer, weil auch die Arbeitskräfte nicht da sind, um wirklich die guten Aktionen und Initiativen, die es sicher zahlreich hier in der Stadt wirklich gibt, zusammen zu bündeln, Leute miteinander zu bringen." [155]

Damit einhergehend ergeben sich höhere Kosten für die Verwaltung, welche jedoch künftig aufgewendet werden müssen, um die Bestimmun-

---

[155] Interviewtranskript Ingeborg Stude, Kategorie: Einflüsse der UN-Behindertenrechtskonvention, Code: Handlungsbedarf.

gen aus der UN-Behindertenrechtskonvention umzusetzen, wie Ingeborg Stude gleichfalls bestätigte:

„Wenn wir einen Aktionsplan machen und uns ganz bestimmten Dingen annehmen wollen und Barrieren nicht nur aufsuchen, sondern sie auch gezielt beseitigen wollen, dann brauchen wir auch irgendwo Finanzen dafür und dann brauchen wir auch Arbeitskräfte dafür."[156]

---

[156] Interviewtranskript Ingeborg Stude, Kategorie: Einflüsse der UN-Behindertenrechtskonvention, Code: Konsequenzen.

8. Schlussfolgerungen und Ausblick

Abschließend können nun folgende Aussagen in Beantwortung der Fragestellungen aus Abschnitt 1.1 getroffen werden. Die UN-Behindertenrechtskonvention ist erst seit 2009 in Deutschland geltendes Recht und lässt bislang nur in geringem Umfang Auswirkungen erkennen. Zu konstatieren ist dennoch, dass mit der Ratifizierung der UN-Behindertenrechtskonvention dem Thema „Barrierefreiheit" ein neuer Impuls verliehen wurde. Ohne Zweifel hat die UN-Behindertenrechtskonvention dieses Thema erneut belebt und eine öffentlichkeitswirksame Diskussion entfacht. Wie im Kapitel 5 dargestellt, besteht in Deutschland kein Mangel an gesetzlichen Regelungen auf Bundes- und Landesebene, um die Barrierefreiheit öffentlich zugänglicher Anlagen zu gewährleisten. Vorwiegend determinieren die Landesbauordnungen und die eingeführten technischen Baubestimmungen (DIN-Normen) die Umsetzung der Barrierefreiheit auf kommunaler Ebene. Doch trotz einer Reihe gesetzlicher Regelungen ergeben sich nicht sellten, resultierend aus rechtlicher Unsicherheit, mangelnder technischer Kenntnisse und fehlender personeller Kapazitäten, Umsetzungsdefizite, die dazu geführt haben, dass die barrierefreie Gestaltung öffentlich zugänglicher Anlagen in der Praxis nur beschränkt möglich war. Resultierend aus der Rechtsverbindlichkeit der UN-Behindertenrechtskonvention, ergibt sich auf kommunaler Ebene neuer Handlungsbedarf. Nach Maßgabe des Artikelss 9 sind nunmehr bestehende Barrieren festzustellen. Der erste Schritt auf kommunaler Ebene ist daher die Durchführung einer umfassenden Bestandsaufnahme, wie am Beispiel von Berlin und dem Landkreis Merzig-Wadern zuvor erläutert worden ist. Ferner wird eine zielgerichtete Politik gefordert, um die festgestellten Barrieren zu beseitigen und künftige Barrieren zu vermeiden. Die Aufgaben der kommunalen Politik und der Verwaltung liegen demnach in der Erstellung eines Aktions- bzw. Zugänglichkeitsplan, um ausgehend von der individuellen Situation einer Kommune und auf Grundlage einer Bestandsaufnahme geeignete Maßnahmen zu entwickeln, um bestehende Barrieren zu beseitigen und künftige Barrieren zu vermeiden. Im Sinne der UN-Behindertenrechtskonvention ist dabei das Konzept des „Disability Mainstreaming" zu berücksichtigen. Menschen mit Behinderungen, ihre gesetzlichen Vertreter und Organisationen sind von Anfang an in den Planungsprozess einzubeziehen. Das Ziel ist die Herstellung von Barrierefreiheit als Basis für eine gleichberechtigte und wirksame Teilhabe an der Gesellschaft und damit die Inklusion aller. Um dieses Ziel erreichen zu können, ergibt sich für die kommunale Politik die Konsequenz, menschenrechtsgestützte Behindertenpolitik als Querschnittsaufgabe in die kommunale Verwaltung zu integrieren. Jede Entscheidung sowohl auf kommunalpolitischer als auch auf Verwaltungsebene wird künftig auf die Belange von Menschen mit Behinderungen zu prüfen sein und ist mit den Regelungen der UN-Behindertenrechtskonvention zu vereinen. In der Praxis wird dieses Vorhaben künftig die vermehrte Bereitstellung von Ressourcen erfordern. Auch eine erhöhte Bürokratisierung und länger andauernde Einscheidungsprozesse können dabei zukünftiges Verwaltungshandeln kennzeichnen und als mögliche Folgen gewertet werden. Abschließend ist hervorzuheben, dass bereits vor Inkrafttreten der UN-Behindertenrechtskonvention Fortschritte in Bezug auf die barrierefreie Gestaltung öffentlich zugänglicher Anlagen erzielt wurden. Die UN-Behindertenrechtskonvention wird auf kommunaler Ebene dazu beitragen, bisherige Aktivitäten zu stärken, weitere Konzepte zu entwickeln und künftig die Überwachung und Kontrolle sämtlicher Maßnahmen zu einem wesentlichen Bestandteil kommunalen Handelns machen.

Literaturverzeichnis

Bücher und Broschüren

Aichele, Valentin (2008): Die UN-Behindertenrechtskonvention und ihr Fakultativprotokoll. Ein Beitrag zur Ratifikationsdebatte, Iser und Schmidt Kreativagentur für PublicRelations GmbH, Bonn-Berlin, S. 4-7,12.

Atteslander, Peter (2008): Methoden der empirischen Sozialforschung, 12. durchgesehene Auflage, Schmidt Verlag, Berlin, S. 124.

Dederich, Markus/ Greving,Heinrich/ Mürner, Christian/ Rödler, Peter (Hrsg.) (2006): Inklusion statt Integration? Heilpädagogik als Kulturtechnik, Psychosozial Verlag, Gießen, S. 65-67.

Die Beauftragte der Bundesregierung für die Belange behinderter Menschen (Hrsg.) (2009): alle inklusive! Die neue UN-Konvention . . . und ihre Handlungsaufträge. Ergebnisse der Kampagne alle inklusive!, S. 8-9 (Broschüre).

Europäisches Institut Design für Alle in Deutschland e.v. (EDAD), Fürst Donnersmarck-Stiftung zu Berlin (2005): ECA – European Concept for Accessibility. Europäisches Konzept für Zugänglichkeit, S. II.

Flick, Uwe / Von Kardorff, Ernst / Keupp, Heiner / Von Rosenstiel, Lutz / Wolff, Stephan (1995): Handbuch Qualitative Sozialforschung. Grundlagen, Konzepte, Methoden und Anwendungen, 2. Auflage, Beltz Verlag, Weinheim, S. 177.

Flick, Uwe / Von Kardorff, Ernst / Steinke, Ines (Hrsg.) (2003): Qualitative Forschung. Ein Handbuch, 2. Auflage, Rohwolt Verlag, Reinbek, S. 14, 22, 23.

Föhl, Patrick S./ Erdrich, Stefanie/ John, Hartmut/ Maaß, Karin (Hrsg.) (2007): Das barrierefreie Museum. Theorien und Praxis einer besseren Zgänglichkeit. Ein Handbuch, Transkript Verlag, Bielefeld, S. 28, 29.

Grüber, Katrin / Wesseling, Eichholz / Konrad-Adenauer-Stiftung e.V. (Hrsg.) (2010): Zusammen Leben ohne Barrieren. Die Umsetzung der UN-Konvention für die Rechte von Menschen mit Behinderungen in der Kommune, S.10-42 (Broschüre).

Gugenheimer, Paulina (2005): Methoden der qualitativen Inhaltsanalyse. Studienarbeit, 1. Auflage 2005, GRIN Verlag, S. 5-10.

Hinz, Andreas / Körmer, Ingrid / Niehoff, Ulrich (Hrsg) (2008): Von der Integration zur Inklusion. Grundlagen-Perspektiven-Praxis, Lebenshilfe Verlag, Marrburg, S. 15-22.

Lamnek, Siegfried (2005): Qualitative Sozialforschung, 4. vollständig überarbeitete Auflage, Beltz Verlag, Weinheim, S. 3.

Mayring, Philipp / Gläser-Zikuda, Michaela (Hrsg.) (2008): Die Praxis der Qualitativen Inhaltsanalyse, 2. Neu ausgestattete Auflage, Beltz Verlag, Weinheim und Basel, S. 20.

Mayring, Philipp (2002): Einführung in die Qualitative Sozialforschung, 5. Überarbeitete und neu ausgestattete Auflage, Beltz Verlag,Weinheim und Basel, S. 47-49.

Poscher, Ralf/Langer, Thomas/ Rux, Johannes (2008): Gutachten zu den völkerrechtlichen und innerstaatlichen Verpflichtungen aus dem Recht auf Bildung nach Art. 24 des UN-Abkommens über die Rechte von Menschen mit Behinderungen und zur Vereinbarkeit des deutschen Schulrechts mit den Vorgaben des Übereinkommens, S. 12, 16 (Broschüre).

Roll, Oliver (2003): Internetnutzung aus Konsumentensicht. Eine qualitative empirische Untersuchung auf handlungstheoretischer Basis, 1. Auflage, Deutscher Universitäts-Verlag/ GWV Fachverlage GmbH, Wiesbaden, S. 111.

Senatsverwaltung für Integration, Arbeit und Soziales, Referat I B (Hrsg.) (2007): Barrierefreies Berlin - 15 Jahre Leitlinien zum Ausbau Berlins als behindertengerechte Stadt, S. 9, 25 (Broschüre).

Senatsverwaltung für Stadtentwicklung (Hrsg.) (2009): Design for all, S.1, 5, 6.

Senatsverwaltung für Stadtentwicklung Berlin (Hrsg.) (2007): Barrierefreies Planen und Bauen in Berlin. Grundlagen und Beispiele, S. 12,13,15.

Schwalb, Helmut / Theunissen, Georg (Hrsg.) (2009): Inklusion, Partizipation und Empowerment in der Behindertenarbeit. Best-Practise-Beispiele: Wohnen- Leben- Arbeit- Freizeit, W. Kolhammer Verlag, Stuttgart S.11-22.

The Swedish Co-operative Body of Organisations of Disabled People (2004): Agenda 22- Umsetzung der UN-Standardregeln auf lokaler und regionaler Ebene Behindertenpolitische Planungsrichtlinien für kommunale und regionale Behörden überarbeitete Version, deutschsprachige Ausgabe, S.13-15 (Broschüre).

United Nations (2007): From Exclusion to Equality. Realizing the rights of persons with disabilities. Handbook for Parliamentarians on the Convention on the Rights of Persons with Disabilities and its Optional Protocol. S. 10 (Broschüre).

Verlage, Heiko (2009): Qualitative Inhaltsanalyse und quantitative Auswertungsmöglichkeiten. Ein Leitfaden zur praktischen Anwendung. Wissenschaftlicher Ansatz, 1. Auflage, GRIN Verlag, S 4-7.

Artikel in Zeitschfriften

Rat der Gemeinden und Regionen Europas, Deutsche Sektion (Hrsg), Europa Kommunal 6/2006 (2006): Bauen für Alle, S.206, 213.

Studien, Dissertationen, Diplomarbeiten, Examensarbeiten

Fink, Raphaela (2009): Die UN-Konvention über die Rechte von Menschen mit Behinderung - Weg in eine inklusive Zukunft oder realitätsferne Utopie? Examensarbeit S.

Friebel, Katja (2008): Zukunfts(t)räume? Wege zur barrierefreien Mobilität. Anwendung des UMN Map Servers am Beispiel Berlin/Treptow-Köpenick, Diplomica Verlag, Hamburg, S. 19-21, 32.

Quinn, Gerard / Degener, Theresia (2002): Human Rights and Disability. The current use and future potential of United Nations human rights instruments in the context of disability. Studie, S. 13-16, 307.

Dorrance, Carmen (2010): Barrierefrei vom Kindergarten in die Schule? Eine Untersuchung zur Kontinuität von Integration aus der Sicht betroffener Eltern, Klinkhardt Verlag, Heilbrunn, S. 54.

Wittke, Verena / Solf, Christiane (2006): Partizipation von Eltern in den Hilfen zur Erziehung am Beispiel der Tagesgruppe (§32 KJHG), S.185.

Vorträge, Reden, Präsentationen

Markowetz, Reinhard (2007): Integration wozu? Inklusion warum? ...weil die Teilhabe von Menschen mit Behinderung ein Menschenrecht ist! Eröffnungsvortrag der Fachtagung „Arbeitsplätze für Menschen mit Behinderung in landwirtschaftlichen Betrieben"in Altenkirchen, S. 2-6, verfügbar unter:
www.gruene-werkstatt.de/altenkirchen/2007/.../markowetz.pdf, abgerufen am 11.11.2010.

Quack, Lutz (2010): Auf dem Weg in eine neue Kommunalpolitik. Örtliche Teilhabeplanung für Menschen mit Behinderungen, Folie 15-36, verfügbar unter:
www.uni-siegen.de/zpe/projekte/aktuelle/.../praesentation_l_quack.pdf, abgerufen am 04.12.2010.

Sieger, Volker (2009): Barrierefreiheit in den Bereichen Bauen und Verkehr in Deutschland im Spiegel der UN-Behindertenrechtskonvention, S. 2-3,verfügbar unter:
www.behindertenbeauftragte.de/nn.../AI/RedeSieger.../RedeSieger.pdf, abgerufen am 10.12.2010.

Steinbrück, Hans Joachim (2009): Die Bedeutung des Übereinkommens der Vereinten Nationen über die Rechte von Menschen mit Behinderungen für die Bildungspolitik in Deutschland, verfügbar unter: http://www.behindertenbeauftragter.de/nn_1416018/AI/Kampagne/Bildung spolitik/Bericht/RedeSteinbrueck.html, abgerufen am 03.11.2010.

Internetquellen

Beauftragte der Bundesregierung für die Belange behinderter Menschen (2008): Was ist die UN-Konvention?, verfügbar unter: http://www.alle-inklusive.behindertenbeauftragte.de/cln_108/nn_1619942/ AI/Konvention/WasistdieUNKonvention__node.html?__nnn=true, abgerufen am 25.10.2010.

Beauftragte der Bundesregierung für die Belange behinderter Menschen (2009): Was ist Barrierefreiheit?, verfügbar unter: http://www.behindertenbeauftragter.de/cln_108/nn_1039898/DE/Barrierefr eiheit/WasistBarrierefreiheit/WasistBarrierefreiheit__node.html?__nnn=tru e, abgerufen am 05.11.2010.

Bundesministerium für Arbeit, Soziales und Konsumentenschutz (2010): Fachpublikum, Behindertenpolitik in der EU, verfügbar unter: http://www.bmsk.gv.at/cms/site/liste.html?channel=CH0112, abgerufen am 16.11.2010

BVV-Fraktion Tempelhof-Schöneberg (2010): Aktionsplan zur UN-Konvention für Menschen mit Behinderungen, verfügbar unter: http://www.spd-fraktion-tempelhofschoeneberg.de/ index.php?mod=content&page_id=1738, abgerufen am 04.12.2010.

Der Regierende Bürgermeister (2002): Berlin tritt der „Erklärung von Barcelona- Die Stadt und die Behinderten" bei, verfügbar unter http://www.berlin.de/landespressestelle/archiv/2002/12/03/09744/, abgerufen am 23.11.2010.

Deutscher Bundestag (2010): Artikelgesetz, verfügbar unter: http://www.bundestag.de/service/glossar/A/artikelgesetz.html, abgerufen am: 14.11.2010.

Europäische Union (2010): UN-Konvention verfügbar unter: http://ec.europa.eu/social/main.jsp?catId=431&langId=de, abgerufen am 16.10.2010.

Landesbeauftragte für Menschen mit Behinderungen (2010): Berlin barrierefrei-Dokomente (1), verfügbar unter: http://www.berlin.de/lb/behi/barrierefrei/dokumente/, abgerufen am 24.11.2010.

Landesbeauftragte für Menschen mit Behinderungen (2010): Berlin barrierefrei - Das Signet, verfügbar unter: http://www.berlin.de/lb/behi/barrierefrei/signets/index.html, abgerufen am 05.12.2010.

Mobidat (2010): Das Signet, verfügbar unter. http://www.mobidat.net/ueber-uns/das-signet/, abgerufen am 05.12.2010.

Senatsverwaltung Bereich Soziales (2010): Berlin barrierefrei-Dokomente (1), verfügbar unter: http://www.berlin.de/sen/soziales/behinderung/barrierefreiheit/index.html, abgerufen am 24.11.2010.

Senatsverwaltung Bereich Soziales (2010): Barrierefreiheit im Bereich Bau, verfügbar unter: http://www.berlin.de/sen/soziales/behinderung/barrierefreiheit/, abgerufen am 24.11.2010.

United Nations, (2007): Ad Hoc Committee on a Comprehensive and Integral International Convention on the Protection and Promotion of the Rights and Dignity of Persons with Disabilities, verfügbar unter: http://www.un.org/esa/socdev/enable/rights/ adhoccom.htm, abgerufen am 3.11.2010.

United Nations, (2010): Convention and Optional Protocol Signatures and Ratifications. Countries and Regional Integration Organizations, verfügbar unter: http://www.un.org/disabilities/countries.asp?navid=12&pid=166, abgerufen am 05.11.2010.

Gesetze, Übereinkommen und Verträge

Bauordnung für Berlin (BauO Bln) vom 29. September 2005 (GVBl. S. 495), zuletzt geändert durch Artikel I des Gesetzes vom 8. Juli 2010 (GVBl. S. 396, in Kraft getreten am 23. Juli 2010), § 51(2).

Gesetz zur Gleichstellung behinderter Menschen (Behindertengleichstellungsgesetz- BGG) vom 27. April 2002 (BGBl. I S. 1467, 1468), das zuletzt durch Artikel 12 des Gesetzes vom 19. Dezember 2007 (BGBl. I S. 3024) geändert worden ist": § 1,4,8.

Gesetz zu dem Übereinkommen der Vereinten Nationen vom 13. Dezember 2006 über die Rechte von Menschen mit Behinderungen sowie zu dem Fakultativprotokoll vom 13. Dezember 2006 zum Übereinkommen der Vereinten Nationen über die Rechte von Menschen mit Behinderungen vom 21. Dezember 2008 : Präambel, Art.1, Art.9.

Grundgesetz für die Bundesrepublik Deutschland (GG) vom 23. Mai 1949 (BGBl. S. 1), zuletzt geändert durch das Gesetz vom 21. Juli 2010 (BGBl. I S. 944), Art. 3 Abs. 3.

Koalitionsvertrag zwischen CDU, CSU und FDP, 17. Legislaturperiode (2009): Wachtum. Bildung. Zusammenhalt, S.83, verfügbar unter: www.cdu.de/doc/.../091026-koalitionsvertrag-cducsu-fdp.pdf, abgerufen am 25.11.2010.

Landesgleichberechtigungsgesetz (LGBG), zugleich Artikel 1, Gesetz zu Artikel 11 der Verfassung von Berlin (Herstellung gleichwertiger Lebensbedingungen von Menschen mit und ohne Behinderung) vom 17. Mai 1999, zulätzt geändert mit dem "Dritten Gesetz zur Änderung" vom 19. Juni 2006, § 4a.

Sozialgesetzbuch (SGB) Neuntes Buch (IX) - Rehabilitation und Teilhabe behinderter Menschen - (Artikel 1 des Gesetzes v. 19. 6.2001, BGBl. I S. 1046), § 1.

Verordnung zur Ausführung des Gaststättengesetzes (Gaststättenverordnung - GastV) vom 10. September 1971 (GVBl. S. 1778), zuletzt geändert durch Artikel VII des Gesetzes vom 14. Dezember 2005 (GVBl. S. 754), § 3 Abs. 1 Satz 2, § 4 Abs. 1.

Sonstige Quellen

Deutscher Bundestag, 16. Wahlperiode, Drucksache 16/10808 (2008): Gesetzentwurf der Bundesregierung. Entwurf eines Gesetzes zu dem Übereinkommen der Vereinten Nationen vom 13. Dezember 2006 über die Rechte von Menschen mit Behinderungen sowie zu dem Fakultativprotokoll vom 13. Dezember 2006 zum Übereinkommen der Vereinten Nationen über die Rechte von Menschen mit Behinderungen, S. 51, verfügbar unter: www.behindertenbeauftragter.de/nn.../DE/.../ Ratifikationsgesetz.pdf, abgerufen am 22.11.2010.

Deutsches institut für Menschenrechte (Hrsg) (2010): Aktionspläne zur Umsetzung der UN-Behindertenrechtskonvention. S. 1-2, verfügbar unter: www.institut-fuer menschenrechte.de/.../positionen_september_2010_ aktionsplaene_zur_umsetzung_der_un_behindertenrechtskonvention.pdf , abgerufen am 04.12.2010.

Die Beauftragte der Landesregierung Nordrhein-Westfalen für die Belange der Menschen mit Behinderung (2007): Interessenvertretung von Menschen mit Behinderung in NRW - Auswertung der Erhebung der Landesbehindertenbeauftragten, S. 3-4, verfügbar unter: www.lbb.nrw.de/ PDF-zum-download/auswertung_umfrage_19052010.pdf, abgerufen am 24.11.2010.

Rundschreiben SenStadt VI A Nr. 03 / 2010 (2010) :Allgemeine Anweisung für die Vorbereitung und Durchführung von Bauaufgaben Berlins - Anweisung Bau (ABau). S. 2, verfügbar unter: www.stadtentwicklung.berlin.de/.../rundschreiben/de/../2010/Rs032010.pdf , abgerufen am 25.11.2010.

Senatsverwaltung für Integration, Arbeit und Soziales (2010), Drs 16/2109 und 16/2293 – Zwischenbericht –Mitteilung – zur Kenntnisnahme – : Umsetzung der UN-Konvention für die Rechte von Menschen mit Behinderungen (UN-Konvention für die Rechte von Menschen mit Behinderungen konsequent in Berlin umsetzen), S. 1-6, verfügbar unter: www.parlament-berlin.de:8080/starweb/.../16/DruckSachen/d16-3531.pdf , abgerufen am 26.11.2010.

Aichele, Valantin (2010): Die UN-Behindertenrechtskonvention: Inhalt, Umsetzung und »Monitoring«, Newsletter Wegweiser Bürgergesellschaft, S. 1-4.

Kleemann, Frank / Krähnke, Uwe / Matuschek Ingo (2009): Interpretative Sozialforschung. Eine praxisorientierte Einführung, 1. Auflage, VS Verlag für Sozialwissenschaften/GWV Fachverlage GmbH, Wiesbaden, S. 31-32.

Carolin Adamski
Wirtschaftsmediation im Vergleich zum Zivilprozess
Eine Gegenüberstellung beider Konfliktlösungsverfahren

Diplomica 2009 / 100 Seiten / 49,50 Euro

ISBN 978-3-8366-7989-3

EAN 9783836679893

Unternehmen stehen in einer sich globalisierenden Welt immer stärker auf komplexe Weise miteinander in Verbindung. Dies bringt unweigerlich Konfliktpotential mit sich und das Thema des Konfliktmanagements gewinnt an Bedeutung.

In diesem Buch werden das Gerichtsverfahren und die Wirtschaftsmediation als zwei Konfliktbeilegungsverfahren miteinander verglichen. Dazu werden der übliche Weg der Konfliktbewältigung, der Gang vor die Gerichte, sowie die Wirtschaftsmediation genauer betrachtet. Vor- und Nachteile werden herausgearbeitet, um aufzuzeigen, was diese beiden Modelle generell und speziell im Hinblick auf Konflikte zwischen Unternehmen leisten können.

Ist man sich der Vor- bzw. Nachteile beider Verfahren bewusst, kann je nach Konfliktfall die passende Konfliktbeilegungsmethode gewählt und eine effiziente Konfliktlösung herbeiführt werden.

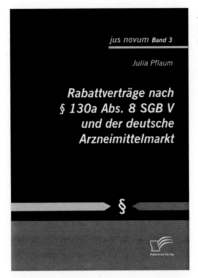

Julia Pflaum
Rabattverträge nach § 130a Abs. 8 SGB V und der deutsche Arzneimittelmarkt

Diplomica 2009 / 112 Seiten / 39,50 Euro

ISBN 978-3-8366-8071-4

EAN 9783836680714

Deutschland bietet mit seinem modernen und im internationalen Vergleich leistungsfähigen Gesundheitswesen allen Bürgern den Zugang zu einer hochwertigen Gesundheitsversorgung. Allerdings deutet die Entwicklung des Arzneimittelmarktes auf Steuerungsprobleme hin, denn seit Jahren steigen die Ausgaben für Arzneimittel zulasten der GKV bei gleichzeitig rückläufigen Verordnungszahlen. Daher beabsichtigt der Gesetzgeber eine stärkere Wettbewerbsorientierung und ermöglicht somit das selektive Kontrahieren der gesetzlichen Krankenkassen mit Pharmaunternehmen.

Die vorliegende Studie befasst sich mit den Arzneimittel-Rabattverträgen nach § 130a Abs. 8 SGB V und deren Auswirkungen auf die Akteure des deutschen Gesundheitswesens. In einer kritischen Analyse werden die Konsequenzen dieses seit dem GKV-WSG modifizierten Instrumentariums für die Patienten, die Leistungserbringer sowie die Gesetzliche Krankenversicherung aufgezeigt.

Christina Aman
Das neue Umgangsrecht
Kritische Bestandsaufnahme
aus Sicht der Frauen

Diplomica 2010 / 216 Seiten / 49,50 Euro

ISBN 978-3-8366-9440-7

EAN 9783836694407

Mit ihrem Buch möchte die Autorin die derzeitige gesellschaftliche Situation von Frauen am Beispiel des reformierten Umgangsrechts (1998) aufzeigen. Dabei entdeckt sie Defizite im Familienrecht, die die patriarchale Rechtsauslegung zum Vorteil des Mannes fördert und die Rechtsposition der Frau schwächt. Kaum sichtbar, verschleiert und kompliziert werden solche Veränderungen in der Gesellschaft nur wenig wahrgenommen. Diese Veränderungen haben jedoch gravierende Auswirkungen auf die Gleichberechtigung der Frauen.

Was haben die Reformierungen im Kindschaftsrecht und im Umgangsrecht den Frauen gebracht? Das reformierte Umgangsrecht sollte dem Kindeswohl dienen und das bestmögliche Ergebnis für das Kind erzielen. Trotzdem wurden ungeachtet der Kosten zunächst die väterlichen Rechte durchgesetzt. Die Folge davon ist, dass Frauen durch das reformierte Umgangsrecht einer ständigen Belastung im Rechtsstreit ausgesetzt sind, unter der auch die Kinder leiden. Mit der Absicht, die Rechte der Kinder zu stärken, sind unter dem Deckmantel des Kindeswohls neue Rechte verabschiedet und die Rechte der Väter gestärkt worden.

Stefan Erbach
Das WpÜG im europarechtlichen Kontext
Eine rechtspolitische Analyse am Beispiel der
Übernahme der Hochtief AG durch ACS

Diplomica 2012 / 140 Seiten / 49,50 Euro

ISBN 978-3-8428-7263-9

EAN 9783842872639

Dreißig Jahre sollten vergehen, bis es auf europäischer Ebene gelang, zu einem Regelwerk über öffentliche Unternehmensübernahmen zu kommen. Indem unter dem Gesichtspunkt der Kapitalverkehrsfreiheit ein Handel mit Unternehmensbeteiligungen i. S. v. Unternehmensübernahmen ermöglicht wird, wurde ein wichtiger Schritt in Richtung eines harmonisierten Marktes für Unternehmenskontrolle gemacht.
Durch die in der Zeit vom November 2009 bis Februar 2011 erfolgte Übernahme des deutschen Baukonzerns Hochtief AG durch den spanischen Baukonzern ACS gewann das Thema an Aktualität in der Öffentlichkeit. Es lag somit nahe, die praktischen Auswirkungen der Rechtsetzung im Bereich der Unternehmensübernahmen an einem konkreten Fall zu untersuchen, welcher mit der genannten Übernahme gegeben war.
Die vorliegende Untersuchung stellt den theoretischen Hintergrund dar, vor welchen Unternehmensübernahmen in der Betriebswirtschaftslehre gesehen werden, und wie das WpÜG bei europaweiten Übernahmen anzuwenden ist.